PERU & BOLIVIEN

INSIDER-TIPP
Deine Abkürzung ins Erleben!

Reisen mit MARCO POLO Insider-Tipps

MARCO POLO TOP-HIGHLIGHTS

KUÉLAP ★1
Eindrucksvolle Festungsanlage der Chachapoyas-Kultur, noch wenig besucht

➤ S. 65, Nordperu

CUZCO ★2
In der ehemaligen Inkametropole ist der alte Glanz noch allgegenwärtig
📷 *Tipp: Auf Details zoomen und mal auf Schwarz-Weiß-Modus stellen, die Bilder sehen wunderbar aus der Zeit gefallen aus!*

➤ S. 96, Süd- und Zentralperu

MACHU PICCHU ★3
Die mystische Ruinenstadt in den Wolken ist der Höhepunkt jeder Peru-Reise
📷 *Tipp: Mit Langzeitbelichtung verschwinden die Touristenmassen auf dem Foto nahezu*

➤ S. 105, Süd- und Zentralperu

LINIEN VON NAZCA ★4
Um die rätselhaften Scharrbilder im Wüstensand ranken sich viele Theorien

➤ S. 87, Süd- und Zentralperu

ISLAS FLOTANTES ★5
Originell und technisch meisterhaft: die schwimmenden Schilfinseln im Titicacasee
📷 *Tipp: Das leuchtende Stroh, das tiefblaue Wasser und die bunten Trachten zusammen auf ein Bild bekommen*

➤ S. 94, Süd- und Zentralperu

PARQUE NACIONAL MANU ★6
Wo Aras noch in Schwärmen auftauchen und die letzten Riesenotter in Lagunen tollen – das gigantische Regenwaldareal gehört zum Welterbe der Unesco
📷 *Tipp: In der Abenddämmerung explodiert der Himmel über dem Regenwald in allen Farben*

➤ S. 117, Amazonien

TIWANAKU 7

Die bedeutendste Ausgrabungsstätte Boliviens liegt eine Autostunde vor La Paz ganz in der Nähe des Titicacasees

➤ S. 130, Bolivien

SAMAIPATA 8

Kult-Tour für Politfans: auf den Spuren des Revolutionärs Che Guevara im heißen Osten Boliviens

➤ S. 139, Bolivien

SUCRE 9

Bolivien von seiner schönsten Seite: In der hübschen Stadt lassen sich leicht interkulturelle Bande knüpfen

➤ S. 132, Bolivien

SALAR DE UYUNI 10

Surreale Grenzerfahrung: Halb Hessen fände im größten Salzsee der Welt Platz (Foto)

Tipp: Im Spiel mit den Perspektiven gibt's hier Motive für Spaßfotos wie Salz im See. Inspiration findet ihr auf Instagram & Co.

➤ S. 137, Bolivien

INHALT

⏲	Besuch planen	🍴	Essen/Trinken
€-€€€	Preiskategorien	🛍	Shoppen
(*)	Kostenpflichtige Telefonnummer	🍸	Ausgehen
		⛱	Top-Strände

(🗺 A2) Herausnehmbare Faltkarte
(0) Außerhalb des Faltkartenausschnitts

BESSER PLANEN
MEHR ERLEBEN!

Digitale Extras
go.marcopolo.de/app/per

DAS BESTE ZUERST

Mit viel Wolle gegen die Kälte: Lama im Andenhochland

BEST OF

BEI REGEN

SCHÖN, AUCH WENN ES REGNET

LANDESKUNDE IM XXL-FORMAT
In dem großen Komplex der *Nationalmuseen für Anthropologie, Archäologie und Geschichte* in Lima kannst du locker zwei, drei Stunden verbringen, wenn das Wetter mal streikt (Foto)
➤ S. 45, Lima

REGENSICHER SHOPPEN
Mit Blick aufs Meer macht das Einkaufen im spektakulär in die Steilküste gebauten Einkaufszentrum *Larcomar* in Lima doppelt Spaß. Außerdem gibt's hier Kinos, ein Theater, Restaurants und eine Bowlingbahn
➤ S. 49, Lima

KLOSTERAREAL ZUM VERLAUFEN
Zum Glück gibt's qualifizierte Guides, die dich durch Arequipas wichtigste Touristenattraktion, das 20 000 m² große Klosterareal *Santa Catalina* führen. Da ist das Wetter draußen nicht so wichtig
➤ S. 89, Süd- und Zentralperu

RENDEZVOUS MIT MUMIEN
Eines der schönsten Museen versteckt sich tief im Norden des Landes. Das *Museo Leymebamba* bei Chachapoyas stellt u.a. Mumienbündel der Chachapoya-Kultur aus, die in der einen Tagesmarsch entfernten Laguna de los Cóndores gefunden wurden
➤ S. 66, Nordperu

WELLNESS BEI DEN INCA
In Pisac bei Cuzco gibt es jede Menge Wellnessangebote und Yogazentren. Im Hotel *Aranwa Sacred Valley* kann man den gigantischen Spakomplex auch als Nicht-Gast nutzen.
➤ S. 102, Süd- und Zentralperu

PRÄGENDE ERFAHRUNG
Eine der Hauptsehenswürdigkeiten Potosís ist die *Casa Real de Moneda*, die ehemalige konigliche Münzprägeanstalt, die heute in ein Museum verwandelt wurde
➤ S. 136, Bolivien

BEST OF LOW-BUDGET

FÜR DEN KLEINEN GELDBEUTEL

DIE HÜFTEN SCHWINGEN
Im Amphitheater des *Parque Kennedy* in Limas Stadtbezirk Miraflores kann man samstagnachmittags zu Salsa, Cumbia und alten Schmusesongs tanzen. Auch beschwingend: Im Parkbereich gibt's Gratis-WLAN.
➤ S. 46, Lima

SÜSSE VERSUCHUNG
Was du schon immer über Schokolade wissen wolltest. Im eintrittsfreien *Chocomuseo* in Cuzco gibt es auch eine kleine Fabrik, die fair gehandelten Biokakao zu Schokolade verarbeitet.
➤ S. 98, Süd-und Zentralperu

BEIM PRÄSIDENTEN REINSCHAUEN
Den *Palacio de Gobierno* an der Nordseite der Plaza Mayor in Lima, Amtssitz des peruanischen Präsidenten Ollanta Humala, kannst du nur samstags, dafür aber umsonst besichtigen.
➤ S. 43, Lima

GEGEN DAS VERGESSEN
Im *Museo de la Memoria* in Ayacucho erfährst du viel über die Hintergründe und Folgen des bewaffneten Konflikts mit der Guerilla des *Sendero Luminoso* („Leuchtender Pfad"). Das Haus wurde mit deutschen Entwicklungshilfegeldern finanziert; der Eintritt beträgt nur 2 S/. (ca. 60 Eurocent)
➤ S. 82, Süd- und Zentralperu

ZU FUSS UND OHNE GELD
Kostenlose Führungen durch die Altstadt von Arequipa und den weitläufigen Klosterkomplex Santa Catalina (Foto) gibt's bei *Free Walking Tours*. Ein Trinkgeld ist allerdings erwünscht.
➤ S. 91, Süd- und Zentralperu

KUNST UMSONST GENIESSEN
Im *Centro de Artes Mamani Mamani* in La Paz stellt der inzwischen auch international bekannte indigene Künstler gleichen Namens seine Werke aus.
➤ S. 124, Bolivien

BEST OF MIT KINDERN

SPANNENDES FÜR GROSS & KLEIN

KARUSSELLS & KUSCHELTIERE

Der Freizeitpark *La Granja Villa* außerhalb von Lima hat alles, was Kinderherzen klopfen lässt: Achterbahnen, Wasserrutschen, Aquarien, Terrarien und Ställe voller Haustiere.

➤ S. 49, Lima

GONDELGLÜCK

Da bleibt die Nase an der Scheibe kleben und der Mund offen stehen: Mit der Seilbahn *(Teleférico)* kann man in La Paz von El Alto in die Zona Sur fahren, einmal quer über die Stadt.

➤ S. 126, Bolivien

MAGISCHE WASSERSPIELE

Der *Circuito Mágico de Agua* in Lima, ein Park voller Springbrunnen und Wasserfontänen, ist eine Welt aus Wasser, Farben und Musik. Im Sommer können die Kinder durch die Springbrunnen hüpfen. Wechselklamotten nicht vergessen!

➤ S. 46, Lima

ÜBER DEN WIPFELN

Auf dem *Canopy Walkway* in Iquitos könnt ihr euch wie Indiana Jones über Hängebrücken durch den Urwald schwingen und euch den Regenwald von oben anschauen. Nur was für Schwindelfreie!

➤ S. 115, Amazonien

ZÜGIG UNTERWEGS

Reisen kann anstrengend sein, wenn man viel im Auto und Bus herumfährt. Im Zug aber gibt es immer was zu sehen, die Kinder können herumlaufen und die Eltern sich entspannt zurücklehnen. Beliebte Strecken sind die von Cuzco nach Machu Picchu und von Cuzco nach Puno *(perurail.com)*.

TIERE IN FREIER WILDBAHN

Im idyllischen Naturschutzgebiet von *Chaparrí* bei Chiclayo kann euch im Trockenwald vom Brillenbär bis zum Kolibri so einiges begegnen.

➤ S. 63, Nordperu

BEST OF

TYPISCH

DAS ERLEBST DU NUR HIER

ZUM GEIER

So nah wie am *Cruz del Condor* im Colca-Canyon kommst du an den stattlichen Kondor, das Symboltier der Anden, nur selten heran. Das wissen allerdings auch andere Touristen – alleine ist man dort eher selten (Foto).

➤ S. 93, Süd- und Zentralperu

KÖNIGLICH WANDERN

Wandern wie zu Inkazeiten, das geht auf einem erhaltenen Teilstück des *Capac Ñan,* der alten Inkastraße, die einst Quito in Ecuador mit La Paz in Bolivien verband.

➤ S. 35, Sport

HELAU UND ALAAF!

Das ruft in Oruro, dem Zentrum des bolivianischen Karnevals, zwar niemand, dafür finden bei der *Diablada* aber farbenfrohe Umzüge und Tänze statt, die den Partys in Köln oder Mainz in nichts nachstehen.

➤ S. 132, Bolivien

KUSCHELWEICH UND WARM

Aus Peru kommt feinste Alpakawolle. Sie wird zu kuscheligen Pullovern, Decken, Schals verarbeitet und in ausgewählten Läden verkauft, in Arequipa z.B. in der *Casona de Santa Catalina.*

➤ S. 91, Süd- und Zentralperu

DAS SALZ DER ERDE

Eine Jeeptour auf dem bolivianischen *Salar de Uyuni,* der größten Salzfläche der Erde, hebt die Dimensionen von Zeit und Raum auf. In der Regenzeit, wenn auf dem See eine dünne Schicht Wasser liegt, verwandelt sich die Salzwüste in einen gewaltigen Spiegel.

➤ S. 137, Bolivien

FÜR FISCHLIEBHABER

Wer in Peru is(s)t, muss Ceviche probieren. Das Nationalgericht – marinierter, roher Fisch – schmeckt besonders gut, wenn der Pazifik nah ist, z.B. im Restaurant *Punto Azul.*

➤ S. 48, Lima

SO TICKEN PERU & BOLIVIEN

Fast wie Karneval in Rio: Fiesta in Puno am Titicacasee

ENTDECKE PERU & BOLIVIEN

Auch das ist Alltag in Peru: Yagua-Indianer auf dem Amazonas

Du kannst dich nicht entscheiden, ob du surfen, Berge erklimmen oder in Urwaldlodges chillen willst? Dann bist du in Peru und Bolivien richtig. Hier gibt's alles: *Costa* (Küste), *Sierra* (Berge) und *Selva* (Regenwald) und eine Vielfalt an Tieren, Pflanzen, Menschen, Sprachen und Gerichten!

Kein Wunder daher: Peru ist gerade in aller Munde! Hier sind die derzeit angesagten Superfoods Maca, Quinoa und Chia zu Hause. Hier hängen die saftigsten Mangos an den Bäumen, hier wachsen die leckersten Avocados, hier produziert der Regenwald so exotische Früchte wie Camu Camu oder Lucuma. Noch nie gehört? Unbedingt probieren! Und wusstest du schon, dass es in Peru gut 4000 Sorten von Kartoffeln, Süßkartoffeln und anderen Knollen gibt? Als ob das nicht schon beeindruckend genug wäre, tummeln sich dank des Humboldtstroms im Pazifik vor der peruanischen Küste Fische und anderes Meeresgetier in unglaub-

1800 v. Chr. Erste Stadt Amerikas: Caral (Peru)

um 1500 n. Chr. Blütezeit des Inkareichs Tawantinsuyu

1532 Beginn der spanischen Kolonialzeit unter Francisco Pizarro

1809–25 Befreiungskriege gegen Spanien unter Simón Bolívar und José San Martín

1879–84 Salpeterkrieg mit Chile

1968–75 Verstaatlichungen und Landreformen unter General Velasco Alvarado

licher Vielfalt. Kein Wunder also, die Touristen mittlerweile allein schon des guten Essens wegen kommen.

BUNTE KÜCHE UND MEHR

Im Lauf der Zeit haben viele Einwanderer ihre Spuren in der Küche hinterlassen. Die Spanier brachten u.a. Oliven und Wein nach Peru, außerdem Hühner, Schafe und Ziegen, Schweine und Kühe. Nach den Spaniern kamen die Chinesen – sie hatten eines der wohl wichtigsten Lebensmittel im Gepäck: den Reis. Heute findest du außerdem Pizza, Sushi, kubanische Kochbananen und andere lateinamerikanische Gerichte auf den Speisekarten. In Peru und Bolivien finden aber nicht nur Feinschmecker ihr Glück. Die beiden Andennationen sind auch wie geschaffen für Abenteurer, Bildungsreisende, Naturfans und Sportfans. Ob auf eigene Faust, mit einer Reiseagentur oder als länderübergreifende Studienreise – unvergesslich wird deine Reise definitiv. Die höchste Großstadt der Welt (La Paz), der größte Hochlandsee (der Titicacasee), die legendäre Inkametropole Cuzco und die verwunschene Bergfestung Machu Picchu sind nur die bekanntesten Highlights. Nach einem Besuch der Chimú-Metropole Chan Chan, der Moche-Pyramiden von Túcume, der Linien von Nazca oder des Tempels Chavín bei Huaraz wirst du dich fühlen wie Indiana Jones im Entdeckerfieber.

LAND DER KONTRASTE

Was viele nicht wissen: Weite Teile Perus sind alles andere als eine von der Natur reich beschenkte Region: Die Küste ist eine Wüste, der die Menschen nur mit

1980–92 Terror des „Leuchtenden Pfads“ in Peru

1990–2000 Präsident Alberto Fujimori beendet den Terrorimus und privatisiert Unternehmen. Nach Korruptionsskandalen landet er im Gefängnis

2001–06 In Peru wird der indigene Alejandro Toledo, in Bolivien Evo Morales Präsident

2009–12 Proteste gegen Ölbohrungs- und Minenprojekte

2018/19 Der rechtsliberale Präsident Kuczynski begnadigt Ex-Präsident Fujimori und legt sein Amt vorzeitig nieder künstlicher Bewässerung Grün entlocken. Die Anden, die beide Länder mit mächtigen Kordilleren und eisgekrönten Gipfeln durchziehen, werden während der Trockenzeit kahl und braun. Nur in den Tälern zum Amazonastiefland hin und in den Regenwäldern östlich der Anden wuchert üppiges Grün. Kontraste werden dir auch in den Lebensverhältnissen der Menschen begegnen: Alte Kolonialvillen in Lima, einfache Lehmhäuser im eisigen Hochland, schicke Cafés in Arequipa und Kinder, die Bonbons auf den Straßen verkaufen, um mit den paar Münzen ihre Familien zu unterstützen. Die Armut ist in beiden Ländern – in Bolivien noch stärker als in Peru – weit verbreitet, ein Erbe selbstsüchtiger Regierungen von der Kolonialzeit bis heute. Auch den Eliten ist das eigene Wohlergehen oftmals wichtiger als die Bildung und Gesundheit ärmerer Mitbürger.

BOLIVIEN – SO BUNT WIE DIE WIPHALA-FLAGGE

In Bolivien, dem Land Südamerikas mit dem höchsten Anteil an indigener Bevölkerung, war die Hoffnung auf ein menschenwürdigeres Leben der Ärmeren 2006 mit dem Regierungsanstritt von Evo Morales, ehemals Anführer der Kokabauern und erster indigener Präsident des Landes, gestiegen. Armuts- und Korruptionsbekämpfung blieben Morales' wichtigste Ziele, auch nach seiner zweifachen Wiederwahl 2009 und 2014. Nach seiner umstrittenen, weil verfassungswidrigen vierten Präsidentschaftskandidatur trat Morales im November 2019 zurück und verließ das Land. Er lebt zzt. im Exil in Argentinien. Nach wie vor ist Evo Morales in der Bevölkerung sehr populär. Seine größte Errungenschaft ist wohl die Integration der indigenen Bevölkerungsmehrheit, die heute selbstbewusster denn je alte Traditionen pflegt. Die Wiphala, knallbunte Flagge der indigenen Bevölkerung, ist heute als Emblem der Nationalflagge gleichgestellt. Wirtschaftlich geht es dank des Exports von Erdgas und anderen Rohstoffen bergauf, aber Kritiker bemängeln, dass eine Diversifizierung der Wirtschaft dabei auf der Strecke bleibt.

LANGSAM REISEN, MEHR GENIESSEN

Peru ist fast viermal so groß wie Deutschland, Bolivien gut dreimal. Wer darum nicht tagelang mit dem Bus unterwegs sein will, steigt besser ins Flugzeug. Meist sind es Flüge von einem klimatischen Extrem ins andere. Spätestens auf dem 4000 m hohen Altiplano wird dein Körper dich von ganz alleine dazu auffordern, das Reisetempo zu drosseln. Nur wenige Kilometer östlich wartet dann das andere Extrem: die dampfend heiße, schwüle Welt des Amazonas-Regenwalds. Der Nationalpark Manu in Peru z. B. liegt zwar nur einen Luftsprung von der Inkametropole Cuzco entfernt, aber eben 3000 m tiefer. Und noch ein Rat: Wenn du die Hauptstadt richtig genießen willst, dann komm in den ersten Monaten des Jahres nach Lima, wenn der Himmel blau und der Pazifik warm sind. Im europäischen Sommer hingegen ist dort Winter, und die Stadt erinnert mit dickem Nebel und Nieselregen zu dieser Jahreszeit an Hamburg im November.

AUF EINEN BLICK

30 MIO.
Einwohner hat Peru
Bolivien: 11 Mio.
Deutschland: 82 Mio.

27,5 JAHRE
Altersdurchschnitt in Peru,
in Deutschland: 44 Jahre,
Bolivien: 25 Jahre

60%
der Fläche Perus ist mit Regenwald bedeckt (740.000 km²)

1.285.000 km²
Fläche Peru

Das ist fast das Vierfache Deutschlands: 357.386 km²
Bolivien: 1.099.00 km²

HÖCHSTER BERG: HUASCARÁN (PERU)
6.686 M
ZUGSPITZE: 2.962 M

IN BOLIVIEN WERDEN **37** VERSCHIEDENE SPRACHEN GESPROCHEN

NACH 36 JAHREN WAR DAS FUSSBALL-BEGEISTERTE LAND PERU **2018** ZUM ERSTEN MAL WIEDER BEI EINER WM DABEI

ÜBER 4000 SORTEN KARTOFFELN
gibt es in Peru –
in Deutschland sind ca. 200 Sorten zugelassen

5000
Jahre alt ist Caral (Peru), die älteste Stadt Amerikas; in Deutschland sind die ältesten Städte ca. 2000 Jahre alt

GRÖSSTER SALZSEE DER WELT:
Salar de Uyuni (Bolivien)

MEERSCHWEINCHEN SIND EINE DELIKATESSE UND WERDEN GEGRILLT MIT KOPF UND FÜSSEN VERSPEIST

PERU & BOLIVIEN VERSTEHEN

ANDENKAMELE

Die Anden ohne Lamas – das wäre wie Australien ohne Kängurus. Seit mehr als 7000 Jahren nutzen Bauern Lamas (auf Spanisch *Llama,* sprich: Jama) und Alpakas. Die Tiere liefern Fleisch und Wolle, können schwere Lasten tragen und ihr getrockneter Dung brennt wie Zunder. Lamas, Alpakas und ihre nur wild vorkommenden Verwandten, die Vicuñas und die seltenen Guanakos, gehören zur Familie der Andenkamele. Sie sind bestens angepasst an das harte Klima auf 2500 bis 5000 Metern Höhe, wo sie zu Hause sind. Wie ihre Wüstenfreunde sind auch Lamas extrem anspruchslose Tiere und können mehrere Tage ohne Wasser auskommen.

BEFREIER

Simón Bolívar, der Namensgeber Boliviens, kam am 24. Juli 1783 in Caracas, der Hauptstadt Venezuelas, zur Welt. Als Kind verlor er beide Eltern. Verwandte schickten ihn nach Europa, wo er vom liberalen Denken französischer Philosophen beeinflusst wurde. Bereits in Europa schwor er, Südamerika von der spanischen Kolonialherrschaft zu befreien. Nach seiner Rückkehr engagierte er sich im Unabhängigkeitskampf gegen Spanien und befreite Venezuela im Jahr 1813. 1819 marschierte er in Bogotá ein und verkündete die Gründung der Republik Kolumbien, die fortan auch Venezuela, Panama und Ecuador umfasste. Bolívar wurde Präsident des Staatenbundes und befreite zusammen mit dem Heer des Generals Sucre auch Peru (1823) und Bolivien (1825). Im Jahr 1827 kehrte Bolívar nach Kolumbien zurück, um den dort ausgebrochenen Bürgerkrieg zu beenden. Weniger Jahre später verließen Venezuela und Peru den bolivarischen Staatenbund und zerstörten damit den Traum Bolívars von einer südamerikanischen Nation. Verbittert legte der General 1830 alle Ämter nieder und zog sich in die Kleinstadt Santa Marta in Kolumbien zurück. Dort starb er einsam und verlassen am 17. Dezember 1830.

BUNTE MISCHUNG

Nirgendwo sonst haben die Indigenen die Eroberung durch die Spanier so zahlreich überlebt wie in Peru und Bolivien. Von den 30 Mio. Peruanern sind ca. 47 Prozent Indígenas, 37 Prozent Mestizen, 13 Prozent europäischer Herkunft und 3 Prozent Afroperuaner oder Asiaten. Bolivien hat den höchsten Indigenen-Anteil ganz Amerikas: Knapp 60 Prozent der 10,4 Mio. Menschen sind indigener Abstammung, vor allem Aymara und Quechua. Unter den Einwanderern finden sich viele Chinesen, Japaner und Deutsche. Seit der neuen Verfassung von 2009 nennt sich Bolivien ein Vielvölkerstaat mit 37 offiziellen Sprachen. In Peru kennt man noch 15 Sprachfamilien und 43 Dialekte.

COCA, DIE PFLANZE DER GÖTTER

Nach Ansicht der meisten Menschen in Peru und Bolivien hängt ihr Wohlergehen von den Geistern ab, die die Natur beseelen. *Pachamama,* Mutter Natur, schenkte ihnen das Kokablatt, um den Kontakt zu diesen Geistern zu erleichtern. Deshalb kauen sie Kokablätter vor allem bei rituellen und religiösen Handlungen. Koka ist aber auch Medikament und Nahrung. Die Blätter enthalten Proteine, Kohlenhydrate, Eisen, Kalzium, Phosphor und Vitamine. Die Männer begleitet das Kokablatt bei der Arbeit, die Frauen dürfen es bei der Geburt nehmen und als Greisinnen oder Witwen. Beim Kauen werden die Blätter mit *Ilipta* oder *llejía*, einem Katalysator aus Kalk oder Pflanzenasche, vermengt und entfalten dadurch ihre anregende Wirkung. Als Tee getrunken hilft Koka gegen die Höhenkrankheit *(soroche)*.

INSIDER-TIPP
Zaubertrank für die Höhe

KÜSTE, BERGE UND REGENWALD

Von der Küste über den Andenkamm bis zum Amazonastiefland bietet Peru diverse Klimazonen. Bolivien hat weitere Extreme, z. B. die Salare (Salzseen). Die Pazifikküste Perus ist bis auf einige Flussmündungen wüstentrocken. Hier gedeiht kaum mehr als die eingeführte afrikanische Dattelpalme und die Traube fürs Nationalgetränk Pisco. Dafür ernährt der kühle Humboldtstrom mit seinem Fischreichtum Seevögel, Pinguine, Robben und Seelöwen auf der Halbinsel Paracas.

Die Anden sind der Lebensraum des Kondors und der wilden Neuweltkamele, der Guanakos und Vicuñas. Auch die gezähmten Arten Lama und Alpaka sind im Hochland zu Hause. Man sieht sie z.B. in der Puna, der Hochlandsteppe (2000–3500 m), in der das kurze, strohgelbe Ichú-Büschelgras wächst. Vereinzelt sieht man hier auch die Riesenbromelie Puya

Traditionell gekleidete Indigena

raimondii in den Himmel ragen, deren Blütenstiel bis zu 6 m hoch werden kann. An den Straßenrändern blühen manchmal Cantuta- Sträucher, deren rotweiße Blüten wie Glockenkelche herunterhängen. Sie wurden zur Nationalblume Perus erklärt.

Die Amazonasregion ist wohl das bunteste und vielfältigste, was Peru und

Bolivien zu bieten haben. In den höhergelegenen Nebel- und Bergwäldern wuchern Farne und Bromelien, und im Tiefland explodiert die Natur wie im Treibhaus. Auf mehreren Etagen wächst und blüht es im tropischen Regenwald. Zu den spektakulärsten Bewohnern zählen Jaguar, Anakonda, Kaiman. Schmetterlinge umgaukeln Boote, und in der feuchtheißen Luft kreischen Papageien.

DIE KEHRSEITE DER GOLDMEDAILLE

Peru und Bolivien sind reich an Mineralien und Edelmetallen; ein Großteil der Exporteinnahmen beider Länder wird – neben der Öl- und Gasförderung – durch den Abbau von Kupfer, Zink, Silber und in Peru vor allem von Gold generiert. Aber der Abbau des glänzenden Metalls geht auf Kosten von Natur und Menschen. Goldfirmen wie die US-amerikanische Newmont Mining Corporation – weltweit größter Goldproduzent und Betreiber der Goldmine Yanacocha bei Cajamarca im Norden Perus – fahren jedes Jahr satte Gewinne ein. Gleichzeitig klagen die Bauern, die in der Nähe der Minen in Cajamarca, Cuzco oder Puno von der kleinbäuerlicher Landwirtschaft leben, über Viehsterben, Umweltverschmutzung und das Verschwinden wichtiger Wasserquellen. Die Proteste in der Bevölkerung gegen neue Minenprojekte haben in den letzten Jahren immer mehr zugenommen. Dass es auch anders geht, zeigt die kleine Mine Sotrami in den südperuanischen Anden. Nach eingehender Prüfung darf sie seit 2011 als eine der

Protest für einen „Bergbau mit menschlichem Antlitz"

ersten Goldminen weltweit fair zertifiziertes Gold nach den Standards von Fairtrade International auf dem Weltmarkt anbieten.
Boliviens Gold heißt Lithium. Das seltene Metall, von dem es in Bolivien am Salar de Uyuni die weltweit größten Reserven gibt, wird für die Produktion von elektronischen Geräten und in der Nukleartechnik genutzt. Seit einigen Jahren ist die Nachfrage nach Lithium für den Einsatz in modernen Akkus extrem gestiegen. Noch aber fehlt die Infrastruktur für den Abbau.

LITERATUR

Der Inka Garcilaso de la Vega (1539–1616), Sohn der Inkaprinzessin Chimpu Ocllo und eines spanischen Hauptmanns, hat sich mit seinen *Comentarios reales* („Wahrhaftige Kommentare zum Reich der Inka") einen Namen als großer peruanischer Autor gemacht. Als größter Dichter gilt César Vallejo (1892–1938). Sein berühmtestes Werk war der von Wortneuschöpfungen strotzende Gedichtband *Trilce*. Mario Vargas Llosa (geb. 1936), Literaturnobelpreisträger 2010, ist ein großer Erzähler. Zu seinen wichtigsten Werken gehören *Tod in den Anden* und *Der Geschichtenerzähler*.

DIE „PERUANISCHE STUNDE"

Wann fahren wir endlich los? *Ahorita mi reina,* gleich meine Liebe. Wann kommst du endlich? *Ya en camino,* schon unterwegs. Die vielzitierte *hora peruana* (peruanische Stunde) bedeutet so viel wie: Du kommst an, wenn es soweit ist. Das ist selten die vorher verabredete Zeit, aber egal. In Peru und

KLISCHEE KISTE

PANFLÖTEN UND PONCHOS

Es gibt nicht nur Lamas, Panflöten und Ponchos in Peru. Der größte Teil des Landes ist mit tropischem Regenwald bedeckt, und die Hauptstadt Lima liegt umgeben von Wüste am Pazifik. Peru ist eines der Länder mit der höchsten Biodiversität – von 103 möglichen Vegetationsformen auf der Welt finden sich angeblich 83 in Peru wieder, in über 20 verschiedenen Klimazonen. Das Gleiche gilt übrigens für Bolivien, wo das Klischee des rotbäckigen Andenmenschen noch verbreiteter ist …

STRASSENFEGER

Ja, der Verkehr in Lima ist wahnwitzig. Autos, Taxis und Busse verstopfen die Straßen. Am abenteuerlichsten ist die Fahrt in einem Minibus: *Micro, Combi* oder *Colectivo.* Der Geräuschpegel ist hoch, die Geschwindigkeit ebenfalls, der Erlebnisfaktor groß. Es wird gehupt und geflucht, fliegende Händler steigen ein und aus, aus dem Radio dröhnt Reggaeton und der Ticketkontrolleur brüllt die nächsten Stationen hinaus auf die Straße, damit zusteigende Passagiere wissen, wo es langgeht. Man sitzt bzw. steht oft beengt, die Fahrt ist holprig und nicht eben bequem, aber eines ist sicher: Langweile kommt auf den Straßen Limas so schnell nicht auf!

Trio am Tresen: Musiker in einer Bar in Cuzco

Bolivien gehen die Menschen entspannter mit der Zeit um und ertragen Wartezeiten stoischer als der durchschnittliche Europäer. Für auf Pünktlichkeit getrimmte Menschen kann das herausfordernd sein. Aber es übt in Geduld und erfordert ein bisschen mehr Gelassenheit.

SCHWING DAS TANZBEIN!

In Peru und Bolivien wird viel und gern getanzt. Je nach Region und Beweglichkeit der Tänzer und Tänzerinnen reicht der Bogen vom Huayno der Anden über afroperuanische Rhythmen und den Nationaltanz *Marinera* bis zu Salsa, Merengue und Reggaeton. Das wohl berühmteste Panflöten-Folklore-Lied ist *El Condor Pasa*. Schon in der Inka-Zeit gab es ähnlich melancholische Balladen, die z. B. auf Hochzeiten gesungen wurden. Uralt sind auch viele der traditionellen Instrumente, die bis heute genutzt werden: die *queña* (Rohrflöte), die verschieden langen, mehrreihigen *zampoñas* (Panflöten) und die *charango* (Gitarre mit dem Klangkörper aus dem Panzer des Gürteltiers). Anfang des 20. Jhs. entstand die Musica Criolla, kreolische Musik, die Walzer und Polka mit Tango und Jazz vermischt. Als Countrymusik Perus ist sie bis heute beliebt. Bei afroperuanischen Jamsessions ist immer der *cajón* dabei, eine Art Kistentrommel, sowie Instrumente aus Eselkieferknochen, Bambus und Holz.

SCHWARZES ERBE

Zwischen dem 16. und 18. Jh. brachten die spanischen Kolonialherren afrikanische Sklaven nach Südamerika, um die aufgrund von eingeschleppten Krankheiten und Misshandlungen abnehmende Arbeitskraft der indigenen Bevölkerung zu ersetzen. Viele von ihnen waren Nachkommen von Sklaven, die schon seit dem 11. Jh. während der maurischen Herrschaft nach Spanien verschleppt worden waren. Ab dem 17. Jh. verschifften Sklavenhändler dann Afrikaner direkt nach Peru. Trotz der Unabhängigkeit von Spanien (1821–24) und der Abschaffung der Sklaverei 1854 in Peru blieben die meisten von ihnen im Dienst ihrer Herren und durften – ebenso wie die meisten peruanischen Indígenas – zunächst nicht wählen. Heute sind die ca. 200 000 Afroperuaner, die zu über 90 Prozent in der Küstenregion leben, zwar auf dem Papier gleichberechtigte Staatsbürger, aufgrund ihrer Hautfarbe aber einem mehr oder weniger offenen Rassismus ausgesetzt. Die meisten von ihnen leben in ärmlichen Verhältnissen, der Zugang zu höherer Bildung bleibt ihnen verwehrt. Nur wenige haben es, meist dank musikalischen Talents und harter Arbeit, geschafft, den Teufelskreis der Armut zu durchbrechen. Bekanntestes Beispiel ist die Sängerin Susana Baca, die 2002 den Grammy Latino gewann und es unter der Regierung Humalas 2011 bis zur Kulturministerin brachte.

WEIHNACHTEN

Das Weihnachtsfest ist – neben vielen regionalen und nationalen Festen – wohl eine der wichtigsten Feierlichkeiten im zumeist katholischen Peru. Am Weihnachtstag gehen alle zur Mitternachtsmesse. Viele bringen das Jesusbaby aus ihrer Krippe *(nacimiento)* mit und lassen es nach der Messe vom Priester weihen. Wieder zu Hause, beginnt das große Feuerwerksgeböller und -gefunkel, um Jesu Geburt zu feiern. Oft geht es lauter zu als in der Silvesternacht! Weit nach Mitternacht gibt es dann das große Festessen: Klassischerweise kommt Truthahn mit Süßkartoffelpüree und Reissalat auf den Tisch. Anschließend werden die Geschenke ausgetauscht, es wird heiße Schokolade getrunken und *panetón* gefuttert, ein luftiger Kuchen nach italienischem Rezept, der ein bisschen an Stollen erinnert. *¡Feliz Navidad!*

WETTERKAPRIOLEN

Ein Wetterphänomen namens *El Niño,* das oft um die Weihnachtszeit auftritt und darum „das Jesuskind" genannt wird, bringt weltweit das Klima durcheinander. Stark betroffen ist Peru, das dann von heftigen Regenfällen und Überschwemmungen heimgesucht wird. In Abständen von drei bis sieben Jahren erwärmt sich der Pazifik vor der Küste Perus, weil Passatwinde aus unerklärten Gründen ausbleiben. Ohne die Winde erwärmt sich das Wasser immer mehr, die zunehmende Feuchtigkeit lässt sich in den oberen Luftschichten nieder und führt zu starken Regenfällen. Doch El Niño kommt nicht alleine. Als ob sich die Natur selber wieder ins Gleichgewicht bringen möchte, schickt sie nach dem Abklingen der El-Niño-Auswirkungen ein entgegengesetztes Wetterextrem hinterher – *La Niña* genannt. Das bedeutet Dürre, wo es vorher geregnet hatte, und harte Winter, wo vorher mildes Winterwetter herrschte. La Niña folgte ihrem großen Bruder in den letzten 20 Jahren regelmäßig.

ESSEN SHOPPEN SPORT

Nichts für Amateure: Skiwanderer am Nevado Huascarán

ESSEN & TRINKEN

Seit einigen Jahren ist Peru „the place to eat". Zwischen Küste, Bergen und Regenwald gibt's eine so abwechslungsreiche Küche, dass du Tage, ach was, Wochen brauchst, um alles zu probieren. Auf den Speisekarten findest du Zutaten wie Quinoa und Kartoffeln, die schon die Inka aßen, und Gerichte, die von Europa, Asien und Afrika beeinflusst sind.

Im Land der unbegrenzten kulinarischen Möglichkeiten kannst du knusprige Meerschweinchen essen, Algensalat oder Mangos probieren, die so saftig sind, dass dir das Wasser im Mund schon vom Anschauen zusammenläuft. Maca, Quinoa und Chia – was in Deutschland gerade als Superfood angesagt ist, wird in Peru schon seit Jahrtausenden verspeist. Die Wurzeln und Körner sind reich an Antioxidantien und werden als Schutz gegen das Altern vermarktet. Der peruanische Chefkoch Gastón Acurio hat das Potenzial der einheimischen Turbozutaten früh erkannt und mit seiner deutschen Frau Astrid Gutsche die andine Küche neu erfunden und bekannt gemacht. Jetzt sind Quinoa-Salat, Açai-Bowls und Maca-Getränke im wahrsten Sinne des Wortes in aller Munde.

INSIDER-TIPP
Suprfood für Superkräfte

FLÜSSIGES FÜR LEIB UND SEELE

Der beste Drink, um deine Tour durch die peruanische Küche zu beginnen, ist das Nationalgetränk Perus, der Pisco Sour, der aus Traubenschnaps, Limettensaft, Zuckersirup, Eiweiß und Zimt gemixt wird. Dazu passt eine der bekanntesten peruanischen Vorspeisen: Ceviche, in Zwiebeln und Limettensaft marinierter roher Fisch, serviert mit Süßkartoffeln und gekochtem Mais. In den Bergregionen wird morgens oft *emoliente* getrunken, ein

Rohfischgericht Ceviche (li.), gegrilltes Meerschweinchen (re.)

heißer Tee, der z. B. aus Quinoa, Soja, Aloe Vera und Fruchtextrakten gemixt wird und wunderbar von innen wärmt. Fliegende Händler verkaufen die Getränke an ihren kleinen Wägelchen für einen Sol (etwa 30 Eurocent) das Glas, danach gibt es immer einen Nachschlag, die *yapita*. Gegen die Symptome der Höhenkrankheit *(soroche)*, die sich ab 3000 m Höhe mit Übelkeit, Schwindel und Atemnot einstellen kann, hilft ein Mate de Coca, ein heißer Aufguss frischer Kokablätter. Bei den Festen der Einheimischen fließt reichlich *chicha*, ein traditionelles Getränk aus vergorenem Mais, das für Reisende sehr gewöhnungsbedürftig ist. Leichter gehen da die lokalen Biere oder gebrannten Schnäpse die Kehle hinunter: in Peru z. B. das *Cusqueña* oder in Bolivien der klare Weinbrand *Singani*. Groß im Kommen sind übrigens Craftbiere aus kleinen lokalen Brauereien. Unbedingt probieren!

Flüssiges gibt's gern auch in den Teller, z. B. als kräftige *chupe de camarones*. Diese würzige Suppe besteht aus einer mit Milch angereicherten Fleischbrühe. Darin schwimmen ganze pochierte Eier, Kartoffelstücke verschiedener Sorten, die geschmacklich alle uns bekannten übertreffen (schließlich gehört Peru zu den Heimatländern der Kartoffel!), Gemüse und natürlich die *camarones* (Krabben). Eine deftige bolivianische Suppe ist Erdnussbuttersuppe *(sopa de Maní)* mit Mais, Bohnen und Käse.

HANDFESTE DELIKATESSEN

INSIDER-TIPP
Grillgut oder Haustier?

Im Hochland gilt gegrilltes *cuy* (Meerschweinchen) als Delikatesse. Cuy war schon die Leib- und Magenspeise der Inka. Eine andere Andenspezialität ist *trucha* (Forelle) aus den kristallklaren Flüssen der Berge. Gegrillt schmeckt

Zur Erfrischung gibt's einen Becher Chicha, vergorenen Maissaft

ihr zartes, rosafarbenes Fleisch am besten. Oder wie wär's mit würzigem Alpakafleisch oder einer *Pachamanca?* Bei diesem Gericht werden Fleisch, Kartoffeln und Gemüse in einem Erdloch oder einem Lehmofen zwischen heißen Steinen gegart. Dazu schmeckt ein Roter aus den Weinkellereien von Ica – aber Achtung, die Weine sind hier eher halbtrocken bis süß!

Typisch für Peru sind auch die *chifas* – chinesische Restaurants, in denen Wantan-Suppen, Wokgemüse und gebratene Ente auf der Speisekarte stehen. Noch mehr Fusionsküche gibt's mit der Nikkei-Küche, die japanische Zubereitungen mit peruanischen Zutaten verbindet, wie z. B. Sushi und Maki mit Avocado und Chili.

Und für Vegetarier? In allen größeren Städten gibt es vegetarische Restaurants, die günstige Menüs auf der Speisekarte haben. Auf dem Land lässt du einfach das Fleisch weg und bittest um mehr Beilagen. Apropos Menüs: ein Mittagsmenü in einfachen Restaurants (für 7–15 Soles zu haben), besteht immer aus mehreren Gängen: Vorspeise, Hauptgericht, Dessert und Getränk (oft ein süßer Tee), das bereitwillig nachgefüllt wird. Die Portionen sind meist so gewaltig, dass du dir ein Menü getrost mit deinem Tischnachbarn teilen kannst.

INSIDER-TIPP
Geteiltes Essen, doppelte Freude

LANGSAM EINSTEIGEN!

Lass es in den ersten Tagen langsam angehen, bevor du dich auf rohen Fisch *(ceviche)*, scharfe Chilisoßen *(ají)* und gebratene Rinderherzen *(anticuchos)* stürzt. Dein Magen braucht sicher eine Weile, um sich an die ungewohnten Gerichte und Gewürze zu gewöhnen. Vorsicht auch bei Speisen und Getränken, die mit ungekochtem Wasser geputzt (Salate) oder zubereitet wurden (Eiswürfel). Wasser aus der Leitung solltest du nicht trinken – es sei denn, du hast einen sehr robusten Magen. Und noch eine Empfehlung für die Rechnung am Ende: immer gemeinsam bezahlen! Das Auseinanderklamüsern der Einzelkosten vor den Augen des Kellners ist nicht üblich. Sehr üblich dagegen ist es, ein paar Gerichte zu bestellen und sie in die Mitte des Tisches zu stellen, damit alle sich davon bedienen. Und bei der Auswahl an Gerichten lohnt sich das!

Unsere Empfehlung heute

Apéritif

PISCO SOUR
mit Limettensaft, Eiweiß, Sirup und einem Tropfen Angostura vermixter Pisco-Schnaps

Vorspeisen

PAPA A LA HUANCAÍNA
gekochte Kartoffeln mit einer würzigen Soße

SOPA A LA CRIOLLA
Suppe mit Nudeln, Gemüse, Rindfleisch und Milch

TAMALES
in Maisblätter eingewickelte Teigtasche aus Mais, mit Huhn oder anderem Fleisch gefüllt

Hauptgerichte

CEVICHE
in Limettensaft marinierte rohe Fischstücke mit Zwiebeln und Chili, dazu Süßkartoffeln

LOMO SALTADO
Rindergeschnetzeltes mit Zwiebeln und Tomaten, dazu Reis und Pommes frites

ROCOTO RELLENO
mit Chilischoten gebratenes Hackfleisch mit Käse, Erdnüssen und Gemüse

AJÍ DE GALLINA
leicht scharfes Hühnerfrikassee

PACHAMANCA
Gericht aus Fleisch, Kartoffeln und Gemüse, das in der Erde auf bzw. zwischen heißen Steinen gegart wird

Desserts

MAZAMORRA
fruchtiger Pudding aus violettem Mais

PIE DE LIMÓN
Zitronenkuchen

Getränke

CHICHA MORADA
Erfrischungsgetränk aus violettem Mais

INKA COLA
die wahrscheinlich süßeste Limo der Welt, knallgelb und koffeinhaltig

EMOLIENTE
heißer Tee, der aus unterschiedlichen Kräutern und Früchten zusammengestellt wird, z.B. aus Quinoa oder Maca

SHOPPEN & STÖBERN

Wer nach Peru oder Bolivien reist, sollte auf jeden Fall genügend Platz im Koffer lassen: beim Stöbern auf den bunten Märkten findest du nämlich garantiert schöne Mitbringsel, von traditionellem Kunsthandwerk und gemütlichen Hippiehosen bis zu Kostbarem wie Gold- und Silberschmuck oder Kleidung aus feiner Vicuñawolle. Es gibt Souvenirs, die Glück bringen, und andere, die einfach nur glücklich machen, weil sie dich noch lange Zeit an deine Reise durch die Anden erinnern werden. Auf den Märkten gilt: Handeln nicht vergessen! Der erste Preisvorschlag ist nämlich oft viel zu hoch.

GLÜCKSBRINGER

Wer weiß, ob es nicht doch wirkt? Auf dem *Mercado de las Brujas* (dem „Hexenmarkt") in La Paz kannst du dir deine ganz persönlichen Glücksbringer unter den dort angebotenen Amuletten heraussuchen. Für entspannte Nächte sorgen Traumfänger, die es in allen Größen und Farben zu kaufen gibt – auch als Deko ganz fabelhaft anzusehen.

KERAMIK

Wie wäre es mit einem Kaffee aus einer tönernen Tasse mit Kondormuster? Das Schöne an Keramiksouvenirs ist ja, dass sie so alltagstauglich sind. Vor allem in der Region Cuzco und Urubamba gibt es wunderschön Gebranntes aus Ton: Tassen, Kannen, Vasen. Aber Vorsicht bei angeblich und vielleicht sogar wirklich alten Tonfiguren: Die Ausfuhr von Antiquitäten ist streng verboten! Auch die Ausfuhrberechtigung eines Antiquitätenhändlers hilft bei der Zollkontrolle nicht immer. Im Zweifelsfall erkundige dich vor dem Kauf bei einem Vertreter der Tourismusämter in Peru und Bolivien.

Farbenfrohe Webarbeiten (li.), Keramikteller (re.),

KLANGKISTEN

Zugegeben: der *cajón* ist nicht gerade ein handliches Mitbringsel, aber wer Musik mag und Jamsessions mit Rhythmus liebt, wird sich über dieses peruanische Original freuen. Es gibt auch Mini-Cajons für Kinder, die passen vielleicht sogar ins Handgepäck. Wirklich handlich und absolute Klassiker sind Panflöten, Maracas (Rasseln) oder Charangos, die typischen Altiplano-Minigitarren.

SILBER

Da Peru und Bolivien zu den führenden Silberexporteuren gehören, kosten Silberwaren relativ wenig. Wer immer schon mal einen Bilderrahmen aus massivem Silber besitzen oder verschenken wollte – hier findet er ihn.

MINI-SCHREINE

Retablos sind kunterbunt angemalte Holzkästchen in verschiedenen Größen, in denen Szenen aus der religiösen Überlieferung oder aus dem Alltag nachgebildet sind. Mit ihren zwei Türen sehen sie aus wie kleine Schränkchen. Die berühmtesten Retablo-Künstler kommen aus Ayacucho, aber die Retablos gibt es überall zu kaufen. Die größten sind so groß wie Schränke, die kleinsten passen in eine Handfläche.

WOLLE

Alpakawolle ist fast so weich und leicht wie Kaschmirwolle und wärmt wunderbar – als Pulli, Schal oder Jacke. Lamawolle dagegen ist härter; aus ihr sind die günstigen, rustikalen Andenpullover gestrickt. Die wertvollste, weil feinste Wolle liefert das scheue Vicuña, das in Regionen über 3800 m Höhe lebt. Am 24. und 25 Juni werden die Tiere dort während des *Festival Internacional de la Vicuña* (Chaccu) geschoren.

SPORT

Gewaltige Höhenunterschiede, extreme Klimaunterschiede und atemberaubende Landschaften: Peru und Bolivien bieten Outdoor-Sportlern jede Menge Herausforderungen und Abenteuer.

Ob Trekking auf schmalen Andenpfaden oder Surfen auf Pazifikwellen, Rafting auf wilden Bergflüssen oder Gleitschirmfliegen, Mountainbiking oder Sandboarding auf Dünenabhängen – für jeden Geschmack und Anspruch ist etwas dabei.

BERGSTEIGEN

Die internationale Bergsteigerszene trifft sich in Huaraz in der Cordillera Blanca. Aus dieser „weißen Kordillere", der höchstgelegenen tropischen der Welt, ragt der höchste Berg Perus, der 6768 m hohe *Huascarán* heraus. Das Gebiet ist relativ gut zugänglich und liegt in der Nähe von Ortschaften mit guten Führern und einem funktionierenden Rettungsservice. In der benachbarten *Cordillera Huayhuash* gibt es gleich ein Dutzend Gipfel von hohen bis sehr hohen Schwierigkeitsgraden. Beste Kletterzeit ist Mai bis September. Mehr Infos beim Verband der Bergführer: *Asociación de guías de Montaña de Peru (agmp.de)*. Gute Berghütten und -lodges: *The Lazy Dog Inn (thelazydoginn.com)*, *Llanganuco Lodge (llanganucolodge.com)*, die Berghütte von *Andean Kingdom* im Kletterparadies Hatunmachay *(andeankingdom.com)* und die vier Berghütten der italienischen Hilfsorganisation *Operación Mato Grosso (rifugi-omg.org)* am Nevado Pisco, am Nevado Huascarán und zweimal im Ishinca-Tal.

BIRDWATCHING

Alle Vögel sind schon da: Peru und Bolivien sind Vogelparadiese Weltweit jede fünfte Vogelart ist hier vertreten. In Peru wurden ca. 1700, in

Paraglider auf der Halbinsel Paracas

Bolivien ca. 1400 Arten gezählt. In Südperu gilt der artenreiche Manu-Nationalpark als Topadresse. In Nordperu kommen Vogelbeobachter in den Nebelwäldern der Region Alto Mayo (nördl. von Chachapoyas entlang der Straße nach Tarapoto) auf ihre Kosten.

INSIDER-TIPP
Hier piept's wohl

GOLF

Nur wenige Menschen in Peru und Bolivien können sich die Mitgliedschaft in einem der exklusiven Golfclubs leisten. Als Gast kann man den Schläger im *La Paz Golf Club (lapaz golfclub.com)*, dem höchstgelegenen Golfclub der Welt, oder im *Lima Golf Club (limagolfclub.org.pe)* im Herzen der Großstadt schwingen.

MOUNTAINBIKING

Mountainbikefahrer können sich auf rasante Talfahrten von den Andenkämmen hinunter ins Tiefland des Amazonas und auf zahlreiche andere spannende Routen unterschiedlicher Schwierigkeitsgrade freuen. Erfahrene Anbieter geben Sicherheit durch gutes Material und gute Führer. Landesweite Touren in Peru bietet *Peru Bike (perubike.com)* an, auf die Cordillera Blanca spezialisiert ist *Mountain Bikes Adventures (chakinaniperu.com)*, in Arequipa bietet *Carlos Zárate Aventuras (zarateadventures.com)* seine Dienste an, in Cuzco und Umgebung operieren *Peru Discovery (perudisco very.com)* und *Gravity Peru (gravitype ru.com)*. Gute Adressen in Bolivien sind *Madness Adventures (madness-bolivia.com)* und *Gravity Assisted Mountain Biking (gravitybolivia.com)*.

PARAGLIDING

Prima Bedingungen herrschen in Lima an der Costa Verde, und das vor allem im Winter, wenn sich der Nebel

Trekkinggruppe auf dem Inka Trail

verzogen hat. Der Startpunkt liegt auf einer 70 m hohen Steilwand gegenüber dem Meer, die maximale Flughöhe beträgt 220 m, überall gibt es Landeplätze. Anbieter: *Fly Adventures (flyadventure.net).*

RAFTING

Rasant lassen sich die Anden beim Rafting auf den Flüssen der tiefen Cañons Perus erleben, z. B. auf dem Río Colca (Juni–Sept.), Río Majes, Río Chili bei Arequipa – Anbieter: *Cusipata Viajes y Turismo (cusipata.com)* und *Majes River Raft Company (majesriver.com)* – oder auf dem Río Apurímac und Río Urubamba bei Cuzco; Anbieter: *Loreto Tours (loretotours.com).* In der Nähe von Lima kann man bei Lunahuaná auf dem Río Cañete raften *(Warko Adventures | warkoadventures.com).* In Bolivien veranstaltet *Madness Adventures (madness-bolivia.com)* Rafting- und Kajaktouren auf dem Río Coroico und dem Río Zongo.

REITEN

Reiten ist als Sport in Peru und Bolivien nur den Reichsten vorbehalten. Einige Anbieter haben sich aber auf die Interessen ausländischer Besucher eingestellt und bieten Reittouren in den Touristenzentren Arequipa *(Peru Adventure Tours | peruadventurestours.com)* und Cuzco *(Eric Adventures | ericadventures.com)* sowie in der Umgebung von Chiclayo *(Rancho Santana | cabalgatasperu.com)* an. An den Stränden Nordperus stehen auch meist Pferde für Reittouren bereit.

SANDBOARDING

Sandboarder – also Dünensurfer – kommen in der Oase Huacachina bei Ica so richtig in Fahrt. In Nazca können sie sogar von der angeblich höchsten Düne der Welt abfahren, dem 2080 m hohen *Cerro Blanco.* Videos kann man sich auf *youtube.com* (Stichwort: „Sandboarding Ica") ansehen.

SCHWIMMEN

Den Mangel an Bademöglichkeiten im Binnenland Bolivien, wo nur Urwaldflüsse oder Hotelpools zum Schwimmen einladen, macht Peru mit seiner 2150 km langen Pazifikküste mehr als wett. Sie reicht von Tumbes im Norden bis nach Tacna im Süden. Badehungrige finden Sand und sauberes Wasser im ganzjährig sonnigen und warmen *Punta Sal* (84 km von Tumbes) und vor allem im nahe der Grenze zu Ecuador gelegenen Máncora vor. Empfehlenswerte Strände im Einzugsbereich von Lima (Badezeit: Dez.–März) sind *Punta Hermosa, Cerro Azul, El Silencio* und *Señoritas y Caballeros;* Fähnchen in den Ampelfarben Grün, Gelb und Rot zeigen die aktuelle Badegefährdung an. Infos zu 506 peruanischen Stränden *(playas)* und mehr findest du auf *playasperu.com.*

SURFEN

Leidenschaftliche Surfer wissen um die Superlativwellen vor Perus Pazifikküste: In Chicama bricht sich die längste, in Punta Sur die schnellste und in Pico Alto die zweitgrößte Südamerikas. Surfschule in Lima: *Pukana Surfing School (pukanasurf.com).* Auf welcher Welle zurzeit gut reiten ist und was Insider sonst noch wissen wollen, erfährt man unter *magicseaweed.com.*

INSIDER-TIPP
Ab aufs Brett!

TREKKING

Das alte, weitreichende Wegenetz der Inka erschließt dem Fernwanderer die großartigsten Anden-Landschaften. Die beliebtesten Trekkingtouren starten in Peru in Arequipa, Huaraz, Cuzco und in Bolivien in Sorata und La Paz. Auf dem weltberühmten *Inka Trail* nach Machu Picchu, dem meistbesuchten Trekkingpfad der Region, sind inzwischen nur noch 500 Wanderer täglich zugelassen, deshalb müsst ihr euch rechtzeitig (im Sommer bis zu vier Monate im Voraus) anmelden! Mehr Infos bei Spezialveranstaltern wie *Incatrekkers (incatrekkers.com)* oder *Apus Peru (apus-peru.com).*

„Faire" Wanderungen auf der alten Königsstraße, dem Capac Ñan, der einst Quito mit La Paz verband, bietet *RESPONSible Travel Peru (responsibletravelperu.com).*

Fast so rasant wie Skifahren: Sandboarding in Ica

DIE REGIONEN IM ÜBERBLICK

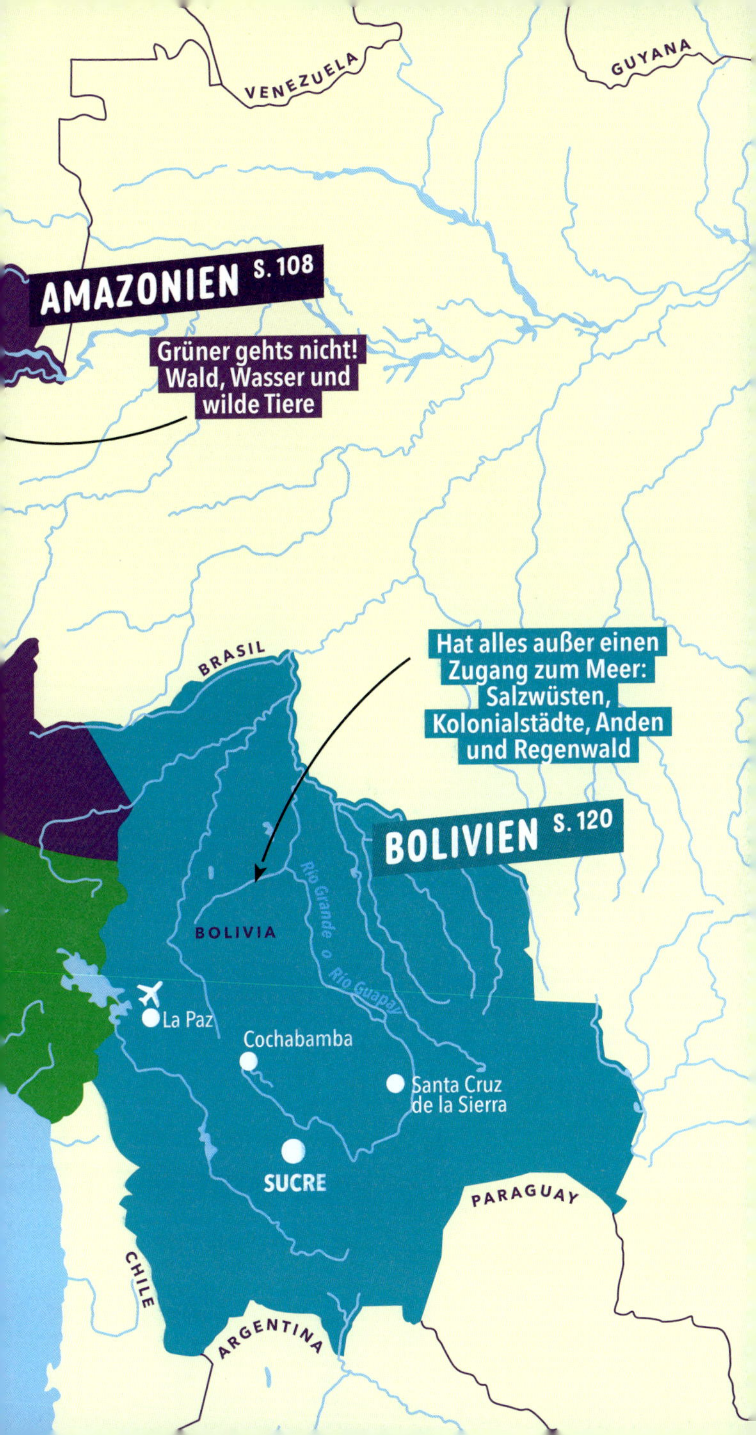

VENEZUELA
GUYANA
AMAZONIEN S. 108
Grüner gehts nicht! Wald, Wasser und wilde Tiere
BRASIL
Hat alles außer einen Zugang zum Meer: Salzwüsten, Kolonialstädte, Anden und Regenwald
BOLIVIEN S. 120
BOLIVIA
Río Grande o Río Guapay
La Paz
Cochabamba
Santa Cruz de la Sierra
SUCRE
PARAGUAY
CHILE
ARGENTINA

LIMA

IM ZENTRUM DES GESCHEHENS

Alle Wege führen nach Lima: In der 11-Mio.-Stadt lebt ein Drittel der Bevölkerung Perus. Auf Sand gebaut, steht die nach Kairo zweitgrößte Wüstenstadt der Welt bei den meisten Touristen nicht ganz oben auf der Reisewunschliste. Zu Unrecht!

Denn Lima hat wahnsinnig viel zu bieten: das beste Essen des Landes, vielleicht sogar des Kontinents, die schneebedeckten Andengipfel im Hintergrund, den Pazifik vor der Tür, Kunst und Kultur im Überfluss, Festivals und viel Musik. In der Ciudad de los Reyes, der

Bibliothek des Convento San Francisco

Stadt der Könige, wie Lima früher genannt wurde, findest du heute auch eine Welt in Extremen: eine historische Altstadt, die von der Unesco zum Weltkulturerbe erklärt wurde, die älteste Universität Amerikas, schicke Restaurants, aber auch Verkehrschaos, Luftverschmutzung und ein krasses soziales Gefälle. Und drumherum? Da findest du gemütliche Fischerdörfer, perfekte Surferwellen, die älteste Stadt Amerikas und einen Zug, der alle paar Wochen die Anden hochzuckelt.

LIMA
La Casa de la Gastronomia Peruana 2
La Casa de la Literatura Peruana 4
Iglesia y Convento Santo Domingo 3
Plaza Mayor 1
5 Iglesia y Convento San Francisco
Iglesia y Convento La Merced 7
6 Iglesia San Pedro
L'Eau Vive
Rustica
11 Museo de Arte de Lima
10 Parque de la Exposición
12 El Circuito Mágico del Agua
8 Museo Larco
9 Museo Nacional de Antropología y Arqueología/ Museo Nacional de Historia
Kimbara
Astrid & Gastón
Museo Amano 13
Sukha Buda Lounge
Arabica Espressobar
Buena Vista Café
14 Museo Manos Peruanas
Café-Bar Habana
15 Parque Kennedy
Las Brujas de Cachiche
La Verde
Jazz Zone
La Mora Pastelería
Punto Azul
Rosa Náutica
Larcomar
Museo de Arte Contemporáneo (MAC) 16
Dedalo
Sargento Pimienta
Ayahuasca
La Noche
Isolina
Barranco Beer Company
Central
Cerro Azul
Av. Prol. Tacna
Avenida Oscar R. Benavides
Avenida Bolivia
Av. República de Venezuela
Avenida Arica
Av. Miguel Grau
Av. Tiungo María
Av. Universitaria
Av. Mariano H. Cornejo
Av. del Rio
Avenida Brasil
Mexico Avenida
Vía Expresa Paseo de la República
Avenida la Marina
Av. Antonio José de Sucre
Avenida Canadá
Avenida César Canevaro
Av. Antonio Miroquesada
Avenida Gral. Salaverry
Av. César Vallejo
Av. Javier Prado Oeste
Av. Javier
Avenida República de Panama
Circuito de Playas
Avenida del Ejército
Av. Gral. Juan Antonio Pezet
Avenida Arequipa
1 km
0.62 mi

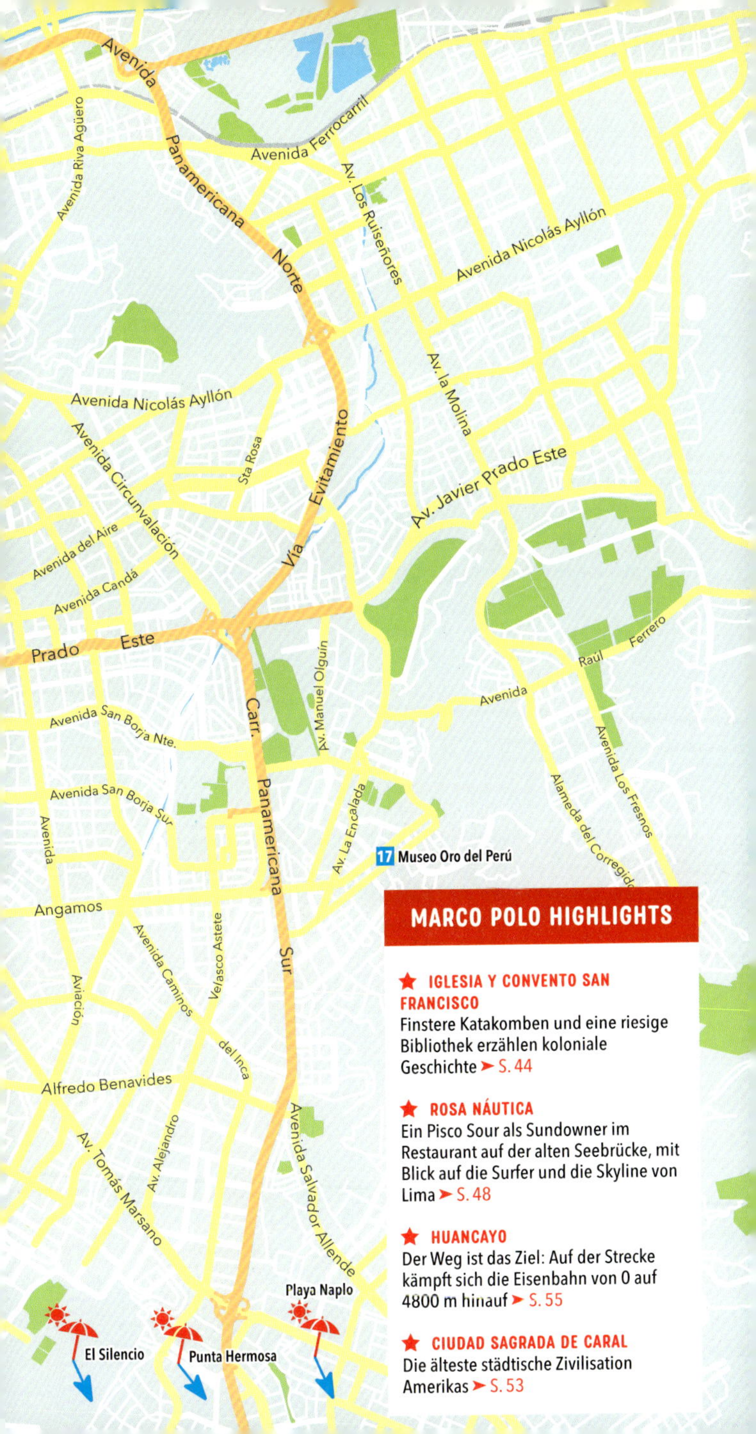

MARCO POLO HIGHLIGHTS

★ **IGLESIA Y CONVENTO SAN FRANCISCO**
Finstere Katakomben und eine riesige Bibliothek erzählen koloniale Geschichte ➤ S. 44

★ **ROSA NÁUTICA**
Ein Pisco Sour als Sundowner im Restaurant auf der alten Seebrücke, mit Blick auf die Surfer und die Skyline von Lima ➤ S. 48

★ **HUANCAYO**
Der Weg ist das Ziel: Auf der Strecke kämpft sich die Eisenbahn von 0 auf 4800 m hinauf ➤ S. 55

★ **CIUDAD SAGRADA DE CARAL**
Die älteste städtische Zivilisation Amerikas ➤ S. 53

Wer in die peruanische Hauptstadt fliegt, landet in der ehemals eigenständigen Hafenstadt Callao, die mit ihren rund 600 000 Einwohnern längst in die 11-Mio.-Metropole Lima eingemeindet wurde.

Von hier, wo das Leben rau ist, fahren die meisten Besucher direkt nach Miraflores oder Barranco. Diese Stadtteile liegen südlich der Altstadt am Steilufer der Costa Verde, die zu einer kilometerlangen Strandpromenade ausgebaut wurde. Rechts rollen die Wellen des Pazifiks, links erhebt sich die teils begrünte Steilküste. Von Mai bis September hüllt der Winternebel *garúa* alles in nieseligen, grauen Dunst. Aber im Sommer leuchten Himmel und Meer tiefblau. Und in Barranco und Miraflores ist die Welt mit ihren schönen Villen und gepflegten Parks wie dem *Parque de Amor* (Park der Liebe) und dem Park für die deutsche Forscherin Maria Reiche am Malecón Cisneros sowieso noch in Ordnung.

Limas Zentrum wurde von der Unesco zum Weltkulturerbe ernannt: kein Wunder, denn die alten, teilweise restaurierten Häuser erinnern an Limas beste Zeiten, als es in Lima die erste Universität, das erste Theater und die erste Druckerei Südamerikas gab. Die zentrale *Plaza Mayor* ist nach neuspanischer Art der von den bedeutendsten Gebäuden gerahmte Mittelpunkt einer rasterförmigen Stadtanlage. Im Rücken liegt neben dem Flussbett des *Río Rímac* der Bahnhof *Desamparados,* der in ein Literaturmuseum umgewandelt wurde und von dem aus nur noch gelegentlich Touristenzüge nach Huancayo in den Zentralanden fahren. Der Río Rimac gab der Stadt übrigens ihren Namen: Aus Rimac wurde Lima. Zu Anfang hieß Lima *Ciudad de los Reyes,* „Stadt der Könige".

Barrios Altos und das *Barrio Chino* waren seit je her die Treffpunkte der Intellektuellen und Künstler, das Refugi-

WOHIN ZUERST?

Lass dir von deinem Hotel ein Taxi rufen, und fahr ins Privatmuseum Larco Herrera im Stadtteil Pueblo Libre. Hier erhältst du auch mit deutschen Beschreibungen einen Ein- und Überblick zur prä-inkaischen, inkaischen und kolonialspanischen Geschichte Perus; der ideale Einstieg für die Rundreise!

Umrahmt von Arkadenhäusern mit Alkoven: Limas Plaza Mayor

um der kreolischen Boheme. Die bedeutendsten Gebäude sind hier die *Quinta Heeren* und die *Casa de las Trece Monedas* mit ihrer hübschen Plaza. Im Barrio Chino kann man in Salons Tee trinken, in den chinesischen Restaurants *(chifas)* lecker essen – und sich die Zukunft weissagen lassen.

Ein Tipp: Auf der Rundfahrt mit einem *Mirabus* (Aussichtsbus) lernt man alle Highlights kennen *(tgl. 9–19 Uhr ab Infohäuschen im Parque Kennedy | Preise je nach Tourlänge | mirabusperu.com)*. Wer's sportlich mag, kann das meist flache Lima auch mit *Bike Tours of Lima* per Fahrrad entdecken. Die Touren führen durch die Altstadt, Miraflores und Barranco oder entlang der Bucht nach Callao *(Bolívar 150 | Miraflores | Preise je nach Route | Tel. 01 445 31 72 | biketoursoflima.com)*.

SIGHTSEEING

Die Öffnungszeiten bei Kirchen können stark variieren, besonders zu kirchlichen Festen; auch werden Touristen oft nicht zu Messen eingelassen.

1 PLAZA MAYOR

Der zentrale Platz war von Beginn an das Regierungszentrum. Francisco Pizarro soll ihn 1535 mit seinem Degen und seinem Blut umrissen haben. Sein Denkmal, das den Platz früher zierte, steht jetzt neben der Iglesia San Francisco. An der Stirnseite des Platzes erhebt sich der 1938 erbaute *Palacio de Gobierno* (Regierungspalast) mit seinen Wachen *(Ablösung Mo–Fr 11.45 Uhr)*. Der Palacio kann nur Sa 9–12 Uhr, dann aber kostenlos besichtigt werden *(Anmeldung Mo–Fr 8.30–*

Museo Larco: Keramikkopf der Moche-Kultur

13, 14–16.30 Uhr: Conde Superunda/ Jr. De la Unión, Edificio Palacio 264, 2. St. | Tel. 01 3 11 90 00 | Pass mitnehmen!). Blickfang an der Plaza sind die hölzernen Balkone des *Palacio de Arzobispo* (erzbischöflicher Palast). Flankiert von der kleinen *Iglesia el Sagrado,* erhebt sich daneben die prachtvolle, 1555 erbaute und nach Erdbeben 1746 erneuerte *Catedral (Mo–Fr 9–17, Sa 10–13 Uhr | Eintritt 10 S/.).* Die Gebeine von Pizarro sollen rechts vom Eingang unter einem schlafenden Löwen ruhen. *Cercado de Lima*

2 LA CASA DE LA GASTRONOMIA PERUANA

Von präinkaischer Kochkunst über koloniale Einflüsse bis zur novo-andinen Küche wird in diesem Museum anschaulich die Bandbreite der Gastronomie erklärt. *Jr. Conde de Superunda 170 | Cercado de Lima | Di–So 9–17 Uhr | Eintritt 3 S/. | museos.cultura.pe | 1 Std.*

3 IGLESIA Y CONVENTO SANTO DOMINGO

Die Kirche wurde 1599 unter dem Dominikaner de Valverde errichtet, der Pizarro bei der Gefangennahme Atahualpas geholfen hatte. Schön sind die Kreuzgänge mit Kacheln aus Sevilla. Unter dem prunkvollen Kapitelsaal des Klosters ruht Isabel Flores de Oliva, die 1671 als Santa Rosa zur ersten Heiligen des Kontinents wurde. Sie soll drei Jahre bis zu ihrem Tod in freiwilliger Askese in einer Zelle gelebt haben. *Jr. de Superunda/Camaná | Cercado de Lima | tgl. 9.30–18.30 Uhr | Eintritt 5 S/. | conventosantodomingo.pe | 2 Std.*

4 LA CASA DE LA LITERATURA PERUANA

Das Gebäude des ehemaligen Bahnhofs gibt einen Ein- und Überblick zur Literatur in Peru. Indigene Autoren kommen hier ebenso zur Geltung wie moderne Schriftsteller. *Jr. Ancash 207 | Antigua Estación Desamparados | Cercado de Lima | Di–So 10–19 Uhr | Eintritt frei | casadelaliteratura.gob.pe | 1 Std.*

5 IGLESIA Y CONVENTO SAN FRANCISCO ★

Schon der Klosterkreuzgang mit Kachelbildern aus Sevilla, die das Leben des hl. Franziskus darstellen, ist sehenswert. Die Attraktion des 1657–87 erbauten Klosters aber sind die 1951 entdeckten Katakomben (nur mit Führung), wo bis 1808 Zigtausende von Toten bestattet wurden, und die Bibliothek des Klosters mit ihren 25 000 Bänden. Die Unesco erklärte das Kloster mit der stuckgeschmückten Kirche und ihrem kostbaren Chorgestühl zum Welterbe. *Jr. Ancash Cuadra 4 | Cercado de Lima | tgl. 9–20 Uhr | Eintritt 15 S/. (inkl. Katakomben) | museocatacumbas.com | 1½ Std.*

6 IGLESIA SAN PEDRO

Die besterhaltene Kolonialkirche, 1638 von Jesuiten erbaut. Sie überstand alle Erdbeben. Sehenswert ist die ausgemalte Decke der Sakristei. *Jr. Ucayali/Azángaro | tgl. 8–12.30 und 17–19 Uhr | Eintritt frei | sanpedrodelima.org | 30 Min.*

7 IGLESIA Y CONVENTO LA MERCED

Die Kirche wurde vor der Gründung Limas 1534 erbaut; grandioses Portal aus dem 18. Jh. Im Kloster sind Szenen des Ordensgründers San Pedro Nolasco zu sehen. *Jr. de la Unión Cuadra 6 | Cercado de Lima | tgl. 8–13 und 16–20 Uhr | 30 Min.*

8 MUSEO LARCO

Das private Museum bietet sogar deutschsprachige Beschriftungstafeln. Im Hauptgebäude sind Modelle von Grabanlagen, Mumien und Schmuckstücke präkolumbischer Kulturen zu sehen, u.a. der goldene Brustpanzer eines Chimú-Häuptlings. Im Nebengebäude kannst du erotische Keramiken der Moche-Kultur bewundern. Auf dem Gelände des Museums lockt ein gutes Caférestaurant. *Av. Bolívar 1515 | Pueblo Libre | tgl. 9–22 Uhr | Eintritt 30 S/. | museolarco.org | 1½Std.*

9 MUSEO NACIONAL DE ANTROPOLOGÍA Y ARQUEOLOGÍA/MUSEO NACIONAL DE HISTORIA

In großen Sälen und Schauvitrinen wanderst du durch alle Epochen; hier sind auch die berühmten gekreuzten Hände von Kotosh und der Originalobelisk Tello aus Chavín zu sehen. Angegliedert ist das *Museo Nacional de Historia,* wo Gemälde und Möbel einen Eindruck vom fürstlichen Lebensstil der Kolonialzeit vermitteln. *Plaza*

Deckengewölbe in der Klosterkirche San Francisco

Steht für den Aufschwung der peruanischen Küche: Gastón Acurio

Bolívar | Pueblo Libre | Di–So 9–17 Uhr | Eintritt 10 S/. | mnaahp.cultura.pe | 2 Std.

10 PARQUE DE LA EXPOSICIÓN

Ein wunderbarer Platz, um zu verschnaufen und Leute zu beobachten. Der Park wurde 2000 angelegt: u.a. mit einem japanischen Garten und Wasserflächen. *Av. 28 de Julio, zw. Av. Garcilaso de la Vega (Wilson) und Paseo de la República | Cercado de Lima*

11 MUSEO DE ARTE DE LIMA

Kunst aus allen Epochen bis in die Gegenwart: von goldenen Fetischen bis zur Schule von Cuzco, von den Vertretern des *indígenismo* bis zu moderner Kunst. *Paseo Colón 125 | Cercado de Lima | Di–Fr, So 10–19, Sa 10–17 Uhr | Eintritt 30 S/. | mali.pe | 2 Std.*

12 EL CIRCUITO MÁGICO DEL AGUA

Einer der größten Fontänenparks der Welt: eine Welt aus Wasser, Farben und Musik. Abends werden an einem der größten Springbrunnen zu drei festen Zeiten Multimediaspektakel auf die Wasserwände projiziert, mit Lasershow, Musik und allem Pipapo. *Parque de la Reserva | Arequipa Cuadra 6 | Santa Beatriz | Di–So 15–22.30 Uhr | Eintritt 4 S/. | circuitomagicodelagua.com.pe*

INSIDER-TIPP
Fontänenkino

13 MUSEO AMANO

Sammlung präkolumbischer Stoffe und Keramiken der Paracas-, Nazca-, Chimú- und Chancay-Kulturen aus dem Besitz des japanischen Geschäftsmanns Yoshitaro Amano, der 1951 nach Lima kam. *Calle Retiro 160 | Miraflores | tgl. 10–17 Uhr, Führungen 14, 15, 16, 17 Uhr | Eintritt 30 S/. | Tel. 01 4 41 29 09 | museoamano.org.pe | 45 Min.*

14 MUSEO MANOS PERUANAS

Keramiken, Webwaren, Schnitzereien: Feinstes peruanisches Kunsthandwerk aus den Raymisa-Werkstätten ist hier zu bewundern. *Jr. Comandante Juan Moore 199 | Miraflores | Nach Voranmeldung Mo–Fr 9–13, 14–18, Sa 9–13 Uhr | Eintritt frei | Tel. 01 4 30 09 01 | 30 Min.*

15 PARQUE KENNEDY

Im Herzen von Miraflores liegt, eingegrenzt von den Avenidas Pardo, Larco und der Diagonal Balta, liegt dieser dreieckige Park. Hier gibt's eine

Touristinformation und Cafés. Hier wird Kunsthandwerk angeboten, finden Ausstellungen und Konzerte statt, hier treffen sich die Verliebten und die, die es werden wollen. Hier kümmern sich die Peruaner um Dutzende heimatloser Katzen, und hier kann man am Wochenende zu Salsa, Merengue und Criolla-Klassikern im kleinen Amphitheater das Tanzbein schwingen. *Miraflores*

INSIDER-TIPP
Swingen und schwofen

16 MUSEO DE ARTE CONTEMPORÁNEO (MAC)

In einer schönen Parkanlage liegt dieses Museum für zeitgenössische Kunst mit interessanten Wechselausstellungen und einladender Cafeteria; in den peruanischen Sommermonaten gibt es im Park regelmäßig Open-Air-Kino. *Av. Grau 1511 | Barranco | Di-So 10-18 Uhr | Eintritt 10 S./ | maclima.pe | 45 Min.*

INSIDER-TIPP
Draußen guckt sich's schöner

17 MUSEO ORO DEL PERÚ

Goldene Kronen, Brustketten oder Zeremonienmesser *(tumi)* der verschiedenen altperuanischen Kulturen sind zu sehen, darunter das berühmte *tumi* aus Lambayeque. Im Erdgeschoss zeigt das *Museo Armas del Mundo* (Museum der Waffen der Welt) u.a. koloniale Waffen, Rüstungen und Gemälde zum Thema. Anfahrt mit dem Taxi, ca. 1 Stunde, da etwas außerhalb. *Av. Alonso de la Molina 1100 | Monterico | tgl. 10.30-18 Uhr | Eintritt 33 S/. | museoroperu.com.pe | 1½ Std.*

ESSEN & TRINKEN

ARABICA ESPRESSOBAR

Der Name ist Programm: ausgezeichnete Kaffees aus besten peruanischen Bohnen, Snacks und Kuchen. *Tgl. 8-22, Sa ab 10, So ab 14 Uhr | Recavarren 269 | Miraflores | Tel. 01 4 47 09 04 | facebook: Arabica Espresso Bar | €*

ASTRID & GASTÓN

Außergewöhnliche novoandine Küche der lebenden Cheflegende Gastón Acurio und seiner Frau Astrid, die für die Desserts zuständig ist. *So/Mo geschl. | Pat Soldan 290 | San Isidro | Tel. 01 442 27 75 | astridygaston.com | €€€*

LAS BRUJAS DE CACHICHE

Hier bekommen Sie exquisite peruanische Küche serviert – von *ceviche mixto* bis *mazamorra* (gelatinehaltige Beerensüßspeise mit Ananas und anderen Früchten). *So abends geschl. | Bolognesi 472 | Miraflores | Tel. 01 447 18 83 | brujasdecachiche.com.pe | €€€*

BUENA VISTA CAFÉ

Den Pazifik vor Augen und einen Pott *Limonada Arabe* vor der Nase: Hier sind die Aussichten wirklich fabelhaft! Seltsamerweise ist das schöne Gartencafé oben auf den Klippen der Stadt das einzige dieser Art. Warum bloß? Locals, Touristen und Freiberufler mit Laptops treffen sich hier zum Essen, Lesen und Arbeiten. *Mo geschl. | Malecón Cisneros Cuadra 15, Parque Grau | Miraflores | Tel. 01 7 24 04 75 | facebook: Buena Vista Café | €€*

CENTRAL

Wenn du dich einmal quer durch alle Klimazonen des Landes probieren willst und Lust auf Avantgardeküche hast, bist du hier richtig. Chefkoch und Forscher Virgilio Martínez serviert minimalistische Gerichte in 12–16 Gängen zu maximalen Preisen, aber es lohnt sich! Das *Central* ist auf Platz 6 der Restaurant-Weltrangliste! Rechtzeitig reservieren! *Av. Pedro de Osma 301 | Barranco | Tel. 01 2 42 85 15 | centralrestaurante.com.pe | €€€*

L'EAU VIVE

Dieses von Nonnen geführte Restaurant mit altmodischem Flair ist ein beliebter Treff von Intellektuellen und Geschäftsleuten. Günstige Tagesmenüs. *So geschl. | Jirón Ucayali 370 (gegenüber vom Palacio Torre Tagle) | Tel. 01 427 56 12 | facebook: L'eau vive del Perú | €€*

ISOLINA

INSIDER-TIPP
Zur hippen Großmutter

Ein bisschen hip, ein bisschen traditionell und preisgekrönt: In dieser Taverne gibt es eine überschaubare Auswahl klassischer Gerichte (große Portionen!), neu erdacht, serviert in Emailleschüsseln wie zu Großmutters Zeiten. In der zweiten Etage gibt's schöne Plätze am Fenster. So geschl. *Av. San Martín/Ecke Domeyer | isolina.com.pe | Tel. 01 247 50 75 | €€*

LA MORA PASTELERÍA

In ihren drei Filialen bietet die „Brombeere" neben Brot (nach deutscher Art), Torten und Keksen auch Sandwiches, Säfte, Suppen und mehr. *Mo–Sa 7–23, So 8–22, Mittagstisch 12–16 Uhr | Av. Grau 400 | Miraflores | Tel. 01 436 27 13 | Filialen: la morapasteleria.com | €–€€*

PUNTO AZUL

Die Schlangen, die sich mittags ab 12.30 Uhr vorm Restaurant bilden, sind der beste Beweis für die Qualität der dort servierten Fisch- und Meeresfrüchtegerichte *(ceviche!)*. Rechtzeitig da sein! *So-Abend geschl. | San Martín 595 | Miraflores | Tel. 01 445 80 78 | Filialen: puntoazulrestaurante.com | €€€*

ROSA NÁUTICA ★

Im Stil alter Seebrücken erbautes Restaurant mit Blick auf Wellen, Surfer und Sonnenuntergang, atmosphärisch nicht zu toppen! *Tgl. | Espigón 4 | Miraflores | Tel. 01 447 00 57 | larosanautica.com | €€€*

RUSTICA

Die Kette mit 40 Restaurants in Peru bietet leckere Mittagsbüfetts mit traditioneller *Cocina Criolla*. In der Filiale am Strand *(Playa Barranquito, Barranco)* ist die Auswahl an Fisch und Meeresfrüchten am größten. *Tgl. | Tel. 01 7 17 83 65 | rustica.com.pe | €–€€*

LA VERDE

Hervorragendes vegetarisches Restaurant, Biozutaten, für Veganer geeignet. Familienbetrieb, freundliche Atmosphäre. *Tgl. 8.30–21 Uhr | Recavarren 315 | Miraflores | Tel. 01 4 69 60 40 | facebook: La Verde Bio Factoria | €€*

SHOPPEN

Viele Geschäfte und Boutiquen liegen in der *Avenida José Pardo* und in der *Av. José Larco*. Die Einkaufsstraßen im Centro sind die *Jirón de la Unión* (Fußgängerzone) und die *Av. Nicolás de Piérola* (auch *La Colmena*, „der Bienenstock", genannt). Souvenirs findest du auf dem *Mercado Indio* an der *Av. Petit Thouars* und in den umliegenden Läden.

DEDALO

In diesem Laden mit angeschlossenem Café im Künstlerviertel Barranco kannst du in entspannter Atmosphäre authentisches Kunsthandwerk junger peruanischer Künstler begutachten und kaufen. Die Boheme trifft sich hier abends zu Ausstellungseröffnungen und Konzerten mit Gratisgetränken und Snacks. *Tgl. 10–22 Uhr | Saenz Peña 295 | Barranco | dedalo.pe*

LARCOMAR

Shopping- und Vergnügungskomplex mit Blick aufs Meer; von hier aus kann man auch den Gleitschirmfliegern zuschauen, die in der Nähe starten. Viele Geschäfte (u.a. *Alpaka 111)*, Restaurants, Bars, Cafés und Kinos, eine Bowlingbahn sowie ein Theater – der Vergnügungskomplex der Limeños mit dem etwas dickeren Geldbeutel. *Malecón Cisneros | Miraflores | larcomar.com*

SPORT & SPASS

FREIZEITPARK

Achterbahnen, Karussells, Wasserrutschen, Aquarien, Terrarien, Ställe voller Haustiere: Der quietschbunte Frei-

Terrassiertes Einkaufsvergnügen mit Meerblick: Shoppingcenter Larcomar

Sport für Unerschrockene: Wellenreiter an der Küste bei Lima

zeitpark *La Granja Villa* macht Kinder und mit ihnen auch die Erwachsenen glücklich. *Alameda Del Premio Real 397 (zweigt von der Panamericana Sur in der Urbanización Los Huertos de la Villa in Chorillos rechts ab) | tgl. 10–18 Uhr | Eintritt 30 S/., Kinder bis 80 cm Körpergröße frei | lagranjavilla.com*

GLEITSCHIRMFLIEGEN

In der Nähe des Leuchtturms am Malecón Cisneros kannst du im Tandem über die Costa Verde fliegen, z. B. mit *Peru Fly (ca. 70 US$ für 10 Min. inkl. Video und Versicherung | Handy 970 54 72 38 | perufly.com).*

KLETTERN

Im *Pirqa (José Gálvez 360 | Miraflores | Tel. 01 243 24 70 | pirqa.com)* kannst du die Wände hochgehen. Mehrere Kletterwände und ein schönes Café mit Vintagemöbeln und Blick auf die Kletterer. Schnupperstunden auch für Kinder.

KOCHKURSE

Mit *SkyKitchen* peruanische Gerichte selbst zubereiten und essen. Dreistündiger Kochkurs (Deut., Engl., Span.) auf dem Dach eines Hochhauses in Miraflores. *Enrique Palacios 470 (bei Nr. 709 klingeln) | Tel. 01 446 85 54 | skykitchen.pe*

SURFEN

Die *Pukana Surfing School (pukanasurf.com)* hilft dir aufs Brett, Wetsuit und Surfboard inklusive. Ein Dutzend weiterer Anbieter steht mit seinen Zelten ebenfalls an der Playa Makaha, beim Restaurant *Rosa Náutica*.

STRÄNDE

Der *Circuito de Playas* unterhalb der Steilküste zwischen Callao und dem Abschnitt Costa Verde (unterhalb von Miraflores) hat eine neue Promenade für Fußgänger und Radfahrer bekommen. Die Strände an der Costa Verde sind schmal und steinig. Schöner (weil sandiger) ist es an den Stränden *Yuyos* (unterhalb von Barranco), *Las Sombrillas* und *Playa Los Pescadores* beim Regattaklub. Sehr beliebt sind die stadtnahen Strände *El Silencio*, *Punta Hermosa*, *Señoritas y Caballeros* und *Cerro Azul*. Das authentischste Fischerdorf mit Strand *Playa Naplo* ist *Pucusana*, etwa eine Stunde südlich von Lima. Von hier kann man Bootstouren um die vorgelagerte Insel *Galapagos* (heißt wirklich so!) machen, wo Robben, Meeresvögel und manchmal auch Pinguine herumwatscheln. Zum Feiern zieht es die Limeños im Sommer an den Strandabschnitt *Asia*. Badesaison ist Dezember bis März. Fähnchen in den Ampelfarben Grün, Gelb und Rot zeigen die aktuelle Badegefährdung an. Infos zu 506 peruanischen Stränden und mehr findest du auf *playasperu.com*.

AUSGEHEN & FEIERN

AYAHUASCA

Coole Bar in einem schön restaurierten Haus aus dem 19. Jh. Große Auswahl an Cocktails auf Pisco-Basis, Snacks; Do/Fr ab 18 Uhr steigen After-Work-Partys. *So geschl. | San Martín 130 | Barranco | ayahuascarestobar.com*

BARRANCO BEER COMPANY

Hier gibt's selbstgebraute Biersorten zu günstigen Preisen, dazu Snacks wie Quinoa-Brezeln! Schöne Dachterrasse im 3. Stock. *Tgl. ab 12 Uhr | Av. Miguel Grau 308 | Barranco | Tel. 01 247 62 11 | barrancobeer.com*

CAFÉ-BAR HABANA

Beliebte kubanische Kneipe mit Kunst an den Wänden und gut ausgestatteter Bar. Gute Mojitos, Zigarren und Snacks. *So geschl. | Manuel Bonilla 107 | Miraflores | Tel. 01 446 35 11 | facebook: Café Bar Habana*

JAZZ ZONE

In Limas bekanntestem und bestem Jazzclub bekommst du auch Blues, Rock und Comedy serviert. Angeschlossen ist ein gutes Restaurant. *Av. La Paz 656 | Miraflores | Tel. 01 241 81 39 | jazzzoneperu.com*

KIMBARA

Salsa, Merengue, Son und afroperuanische Specials: In diesem „Salsadrom" trifft sich am Wochenende halb Lima zum Tanzen. Wirf dich ins sportliche Getümmel, die Nacht wird lang! *Fr–So 19–4.30 Uhr | Eintritt 10–50 S/. | Av. Petit Thouars 2481 | Lince | Tel. 01 421 78 53 | facebook: Kimbara VIP*

LA NOCHE

INSIDER-TIPP
Beswingt in die Woche starten

Urige Kneipe mit langer Geschichte. Täglich gibt es Livekonzerte lokaler Gruppen. Besonders zu empfehlen sind die Jazzabende: jeden Montag ab 23 Uhr bei freiem Eintritt.

So geschl. | Pasaje Sanchez Carrión 199 | Barranco | Tel. 01 247 10 12 | la noche.com.pe

SARGENTO PIMIENTA

Seit 40 Jahren gibt es hier traditionellen Cumbia und Elektrobeats, Gitarrenrock und politische Texte. Dienstags kannst du zu Salsa-Livemusik das Tanzbein schwingen. *Di, Do/Fr und Sa ab 22 Uhr | Bolognesi 757 | Barranco | sargentopimienta.com.pe*

SUKHA BUDA LOUNGE

Cocktails mit asiatischem Flair, Loungemusik und später hypnotisierende Rhythmen in einem der angesagtesten Szenelokale Limas. *Mi–Sa, Rest. bis 23, Lounge bis 3 Uhr | Calle Dos de Mayo 694 | Miraflores | Handy 956 55 39 12 | sukha.pe*

VERANSTALTER

ALOIS KENNERKNECHT

INSIDER-TIPP **Perspektivwechsel**

Lima mal von einer anderen Seite: Eine alternative Stadtführung mit dem deutschen Alois Kennerknecht durch die Barrios Jovenes, die Armenviertel der Stadt, zeigt, mit welchen Schwierigkeiten die Bewohner dort zu kämpfen haben. *Tel. 01 449 16 19 | ecoalke@gmail.com*

RUTAS DEL PERU

Ob ihr eine Rundreise mit dem Mietwagen plant, Flugtickets braucht oder einfach nur Lima besser kennenlernen möchtet: Die Deutsche Gisela Woyke von der Agentur *Rutas del Perú* hilft weiter. *Enrique Palacios 1110 |*

Miraflores | Tel. 01 444 54 05 oder 01 445 72 49 | rutasdelperu.com

RUND UM LIMA

INSELN

15 km/30 Min. vom Zentrum in Lima (mit dem Taxi)

Eine nette Abwechslung ist ein Ausflug mit dem Motorboot zu den Lima vorgelagerten Inseln *San Lorenzo, El Frontón, Cabinzas* und *Palomino*. *Ecocruceros* bietet halbstündige Bootstouren direkt von der Landzunge La Punta oder halbtägige Ausflüge an. Zu sehen gibt es Seevögel und Seelöwen, mit denen man sogar schnorcheln kann. *49 US$ | Dauer ca. 4 Std. | Start an der Plaza Grau in Callao | Anmeldung: Ecocruceros | Av. Arequipa 4964, Büro 202 | Miraflores | Tel. 01 226 85 30 | islaspalomino.com |* 🕮 *C8*

INSIDER-TIPP
Planschen mit Seelöwen

ECOTRULY PARK

480 km/1½ Std. von Lima (per Bus über die Panamericana Norte)

Yoga am Morgen mit Blick auf den Pazifik, Essen aus eigener Landwirtschaft und schlafen in runden Lehmhäuschen, die *Trulys* heißen? Und das alles nur eine Stunde von Lima entfernt? Ja, das ist möglich. Der *Ecotruly Park* ist ein kleines Ökoparadies, in dem sich Künstler, Freigeister und Naturverbundene gefunden haben. Tagesgäste können in Yoga-, Kunst- und Gartenworkshops in das Hippieleben hineinschnuppern. Wer länger bleiben mag, kann gegen Kost und Logis dort arbeiten. Auch organisierte Touren (inkl. Abholung) sind möglich. *Tel. 01 433 24 55 | ecotrulypark.org |* 🕮 *C8*

INSIDER-TIPP
Tiefenentspannt am Strand

CIUDAD SAGRADA DE CARAL ★

200 km/4 Std. von Lima (per Bus über die Panamericana Norte)

Radiokarbonuntersuchungen brachten Gewissheit: Die peruanische Archäologin Ruth Shady Solís hatte Anfang der 1990er-Jahre die älteste städtische Zivilisation Südamerikas gefunden, datierbar auf ca. 2600 v. Chr. Heute sind etliche Gebäude restauriert. Gut erkennbar sind der zeremonielle Herrschaftsbezirk mit Pyramiden und Amphitheater sowie die Aufteilung in Ober- und Unterstadt *(tgl. 9–17 Uhr)*. Anfahrt mit *Turismo Barranca (Abancay 900 | Lima)* bis Supe ca. 3 ½ Std.; weiter mit Sammeltaxi *(colectivo)* bis Caral. Von dort zu Fuß (30 Min.). Taxi ab Supe inkl. Wartezeit bei den Ruinen 90–100 S/., Eintritt 11 S/. plus 20 S/. für obligatorische Führung mit Guide (auf Span.). Organisierte Tagestouren ab Lima ab 230 S/. *(Caral Tours | caraltoursperu.com | inkl. Guide, Eintritt, Essen | caralperu.gob.pe).* 🕮 *C7–8*

PACHACAMAC

31 km/45 Min. von Lima (mit Bus oder Taxi)

In der südlich von Lima im Tal des Río Lurín gelegenen Stätte suchten die

Menschen schon vor der Inkazeit den Rat von Pachacamac, dem Schöpfer und Orakel der Welt. Vermutlich existiert das Heiligtum seit Beginn unserer Zeitrechnung. Vom Zeremonienzentrum sind noch die 80 m hohe Stufenpyramide und Reste des Hauses der Sonnenjungfrauen *(Casa de las Mamaconas)* zu sehen. In dem großen, neu eröffneten und barrierefreien Museum *(Di–So 9–17 Uhr | Eintritt 15 S/. | pachacamac.cultura.pe | 4 Std. für Gelände und Museum)* am Eingang der Anlage sind Grabungsfunde ausgestellt, z.B. ein Holzstab mit einer Darstellung der Schöpfergottheit Pachacamac. Bei müden Beinen und durstigen Kehlen kann man sich in der Cafeteria stärken. *(D8)*

MARCAHUASI

80 km/3 Std. von Lima (mit dem Bus)

Auf 4000 m Höhe schlafen, Sterne gucken und vielleicht ein Ufo sehen? In der Provinz Huarochiri kannst du vom kleinen Ort San Pedro de Casta aus (3180 m, Achtung: Anfahrt nichts für schwache Nerven!) zum Hochplateau Marcahuasi auf gut ausgebauten Wegen wandern oder reiten (Maultiere oder Pferde ca. 20 S/.). Dieser Ort ist unter Mystikern sehr beliebt und ist voller Steinformationen, die wie Tiere oder Menschen aussehen. Die bekannteste Figur ist das *Monumento de la Humanidad* (Monument der Menschlichkeit), ein in bestimmtem Winkel erkennbares Profil. Hier unter dem Sternenhimmel zu schlafen ist eine Erfahrung der anderen Dimension – und mit ein bisschen Glück schwirrt auch ein Ufo vorbei ... Touren z. B. über *Marcahuasi Tours (marcahuasitours.com)*. *D8*

RESERVA PAISAJISTICA NOR YAUYOS COCHAS

290 km/7 Std. von Lima (mit dem Auto)

Oben in den Bergen, wo der Rio Cañete entspringt, hat die Natur mit glasklaren Bergseen, rauschenden Wasserfällen und uralten Inkawegen eine atemberaubend schöne Landschaft hingezaubert, die immer noch ein ziemlicher Geheimtipp für Ausflugsziele um Lima ist. Im Hintergrund ragt der 5750 m hohe Nevado Pariacaca empor. Die Fahrt von Lima bis ins Naturschutzgebiet Nor Yauyos

INSIDER-TIPP
Fast zu schön, um wahr zu sein

Cochas ist lang, darum macht es Sinn, die Reise mit einem Zwischenstop in Lunahuana zu unterbrechen, wo ihr reiten, Wildwasserrafting machen und Pisco trinken könnt. Oder ihr reist von Huancayo aus an. Einfache Unterkünfte gibt es in den Orten Huancaya, Vitis und Vilca, z.B. *Recreo Turístico Brisas de Mayo* in Huancaya *(Tel. 972 63 25 70 | €).* *D8*

HUANCAYO ★

415 km/12 Std. von Lima (mit dem Zug)

Der Weg ist das Ziel: Die Bahnfahrt vom Bahnhof Desamparados in Lima nach Huancayo ist spektakulär! Durch 67 Tunnel und über 54 Brücken geht's steil in die Anden. Nach 160 km wird auf 4781 m mit der Station Galera der höchstgelegene Bahnhof der Welt passiert. Danach geht's wieder abwärts, über La Oroya (3726 m) nach Huancayo (3271 m). Ein Touristikzug fährt April–Nov. zweimal monatlich: Fr hin, So zurück, Abfahrt 7, Ankunft 19 Uhr, einfache Fahrt *Turístico* 750 S/., *Clásico* 500 S/., Hin- und Rückfahrt 1000 S/. bzw. 700 S/. Tickets im Internet mit Visa-Card: *ferrocarrilcentral.com.pe*. Fahrkarten sind auch über die Ticketbüros *Tu Entrada* in allen Plaza-Vea- und Vivanda-Supermärkten erhältlich oder bei *Ferrocarril Central Andino (José Galvez Barrenechea 566, 5. Stock | San Isidro | Tel. 01 226 63 63-222 | ferroviasperu.com.pe)*. Ausflüge in Huancayo: *Incas del Peru (José Galvez 400 | Tel. 064 22 33 03 | incasdelperu.org).* *E8*

Auf Schienen durch die Anden: Spektakulär ist die Zugfahrt nach Huancayo

NORDPERU

REGION DER SUPERLATIVE

Der höchste Berg, die älteste Kultur, die längste Welle, die größte präkolumbische Stadt – in den Norden von Peru locken Superlative. Hier erhebt sich der 6768 m hohe Huascarán, hier liegen Kuélap, die Festung der Wolkenkrieger, und das Naturschutzgebiet Chaparrí, das Brillenbären auswildert.

Und es gibt noch mehr: die Kolonialstädte Cajamarca und Trujillo z.B. – die eine liegt in den Bergen und war Ort der Hinrichtung des Inkakönigs Atahualpa. Die andere breitet sich an der Küste aus, be-

Nationalpark Huascarán

sitzt die farbenprächtigste Altstadt Perus und mit Chan Chan die einst größte präkolumbische Stadt der Region. In Huanchaco und Chicama gibt's Topwellen für Surfer. Nach Chiclayo lohnt ein Ausflug wegen der archäologischen Funde. Im Tal der Pyramiden in Túcume wird sich mancher an Ägypten erinnert fühlen. Das Museum der Königlichen Gräber des Fürsten von Sipán ist ein Highlight! Im Norden bist du abseits ausgetretener Pfade unterwegs, denn die Attraktionen hier sind noch nicht so überlaufen wie Cuzco und Machu Picchu.

NORDPERU

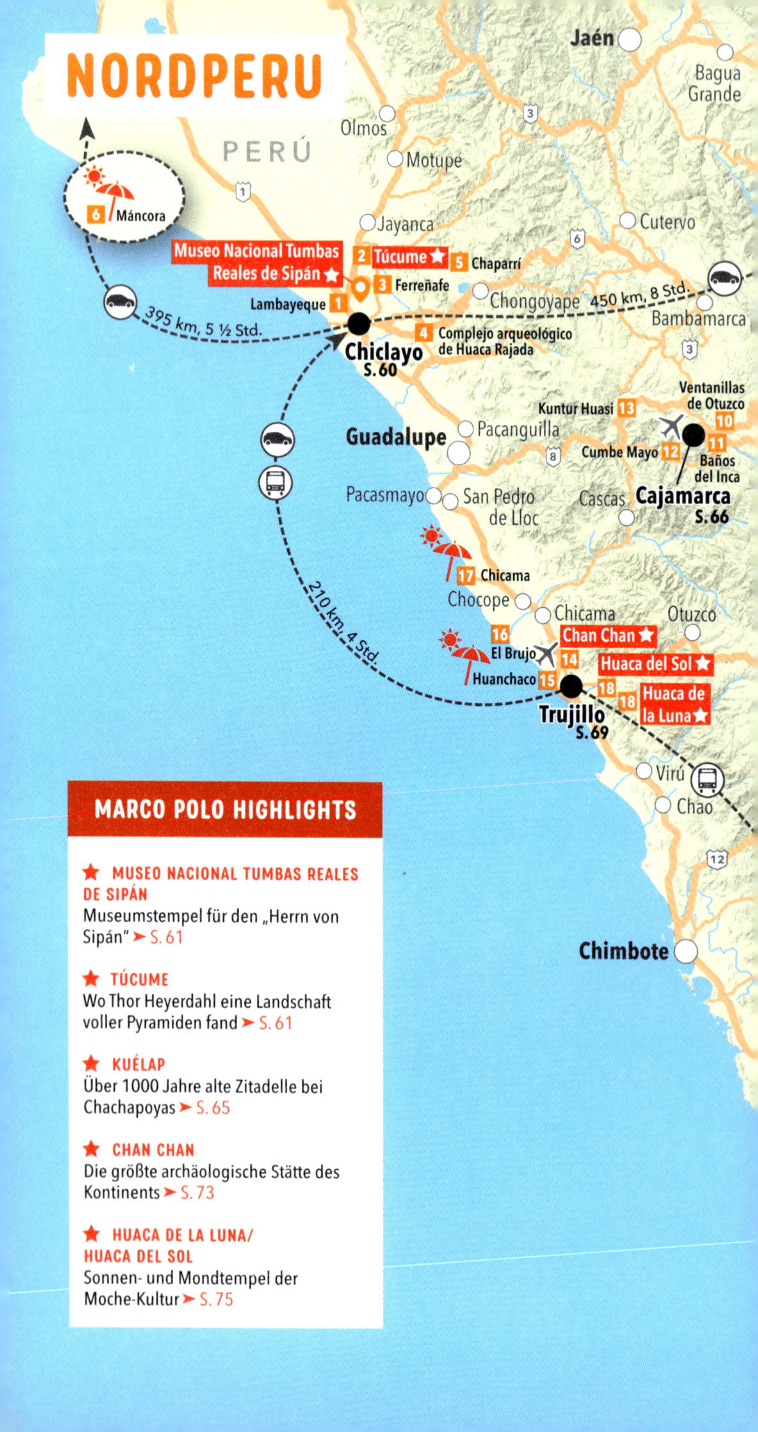

MARCO POLO HIGHLIGHTS

★ **MUSEO NACIONAL TUMBAS REALES DE SIPÁN**
Museumstempel für den „Herrn von Sipán" ➤ S. 61

★ **TÚCUME**
Wo Thor Heyerdahl eine Landschaft voller Pyramiden fand ➤ S. 61

★ **KUÉLAP**
Über 1000 Jahre alte Zitadelle bei Chachapoyas ➤ S. 65

★ **CHAN CHAN**
Die größte archäologische Stätte des Kontinents ➤ S. 73

★ **HUACA DE LA LUNA/ HUACA DEL SOL**
Sonnen- und Mondtempel der Moche-Kultur ➤ S. 75

Yurimaguas
Nueva Cajamarca
Rioja
Moyobamba
7 Gocta
Chachapoyas S. 64
Rodríguez de Mendoza
8 Kuélap
9 Leymebamba
Lamas
Pongo de Caynarachi
Tarapoto
Picota
Bellavista
Juanjuí
Cajabamba
Huamachuco
Retamas
Puerto Pizano
Tocache
Pampas
Tauca
Sihuas
Pomabamba
Piscobamba
Aucayacu
Aguaytía
19 Caráz
Huacaybamba
310 km, 8 Std.
Yungay
Mirgas
Chacas
Carhuaz
Huari
Tingo María
Huaraz S. 75
Huantar
20 Chavín de Huántar
Recuay
Aija
La Union
Huánuco
Aquia
Cauri
Ambo
Cordillera Huayhuash 21
Ocros
Cajatambo
Yanahuanca
Huariaca
60 km
37.28 mi
Oyón
Cerro de Pasco
Paramonga

CHICLAYO

(🕮 B5) **Das pulsierende, kleine Zentrum mit seinen häufig verstopften Straßen, vielen kleinen Hotels, Imbissstuben und Spielhallen lässt es schon erahnen: Chiclayo, das 770 km nördlich von Lima an der Panamericana liegt, ist eine Arbeiter- und Handelsstadt.** Ihren Aufschwung verdankt die Hauptstadt (635 000 Ew.) des Departamentos Lambayeque vor allem einer expandierenden Agrarwirtschaft (u.a. Zuckerrohr, Bananen, Reis, Baumwolle). Die eigentlichen Attraktionen finden sich allerdings in der Umgebung: die von Thor Heyerdahl ausgegrabenen Pyramiden von Túcume, das großartige *Museo Tumbas Reales de Sipán* in Lambayeque oder das futuristische *Museo Nacional Sicán*. Erholung bietet der Strand von *Pimentel* (11 km südlich von Chiclayo). Naturliebhaber bekommen im privaten Naturschutzgebiet *Chaparrí* einiges geboten.

SIGHTSEEING

MERCADO DE BRUJAS

Der „Hexenmarkt" hält, was der Name verspricht: Allerlei Kräuter, Krallen und andere kuriose, manchmal undefinierbare Dinge, die gegen Potenzstörungen, Liebeskummer oder bösen Zauber helfen sollen, werden hier angeboten. Vorsicht vor Taschendieben! *Calle Arica | Mo–Sa 8–14 Uhr*

INSIDER-TIPP
Alles nur Hexenwerk?

ESSEN & TRINKEN

FIESTA GOURMET

Sowohl kulinarisch als auch vom Publikum her la crème de la crème: Der Service ist perfekt, das Essen beste einheimische Küche. *Tgl. | Av. Salaverry 1820 | Tel. 074 20 19 70 | €€*

HUARALINO

Die gute Gesellschaft speist hier gepflegt in familiärer Atmosphäre. *So abends geschl. | La Libertad 155 | Urbanización Sta. Victoria | Tel. 074 27 03 30 | €€€*

AUSGEHEN & FEIERN

SABOR Y SON CUBANO

An den Wochenenden bekommt ihr in dieser Bar kubanische Livemusik zum Nulltarif geboten. *Calle San José 155 | Tel. 076 36 28 67*

RUND UM CHICLAYO

1 LAMBAYEQUE

11 km/20 Min. von Chiclayo (mit dem Auto)

Hauptattraktion des kleinen, nördlich von Chiclayo gelegen Ortes sind die archäologischen Museen. Aber auch die Kirche aus dem 16. Jh. und die *Casa de la Logia (Calles Dos de Mayo/San Martín)* mit dem 67 m langen Balkon, dem längsten Perus, lohnen einen Blick. Von legendärem Ruf ist das *Museo Nacional de Arqueología y Et-*

Alles fein säuberlich aufgereiht: Blick ins königliche Grab des „Herrn von Sipán"

nografía Heinrich Brüning (Av. Huamachuco | Di–So 9–17 Uhr | Eintritt 8 S/. | 1½ Std.), das 2008 von der deutschen Regierung renoviert und zum ersten ethnologischen Museum Perus wurde. Seinen Namen trägt es nach dem Deutschen Heinrich Brüning, der 1884–1925 in Peru forschte. Benachbart ist das ★ *Museo Nacional Tumbas Reales de Sipán (Av. Juan Pablo Vizcardo y Guzmán 895 | Di–So 9–17 Uhr | Eintritt 10 S/. | museotumbasrealessipan.pe | 1½ Std.)*. 5 Mio. US $ ließ sich der Staat den modernen, an Moche-Pyramiden orientierten Neubau kosten. Auf drei Stockwerken wird die Hinterlassenschaft der Moche-Kultur gezeigt, vor allem die z.T. massiv goldenen Funde um den „Herrn von Sipán" und eine Nachbildung des Grabes.

Der Ort ist zudem wegen einer populären Süßigkeit bekannt. Ideal als Mitbringsel ist der *King Kong,* ein haltbares Gebäck mit mehreren Schichten aus *manjar blanco* (Milchcreme) mit Fruchtgeschmack. Direktkauf bei *San Roque (sanroque.com.pe)* an der Panamericana Norte, km 780, oder in der Libertad 499. *B5*

INSIDER-TIPP
Monstersüß

2 TÚCUME ★

25 km/1 Std. von Chiclayo (mit dem Auto) oder Combi (Kleinbus)

Ein kleines Museum am Eingang des Geländes (1 km von Lambayeque) bereitet mit Modellen gut auf den Besuch der Pyramidenstadt im Tal des Río La Leche vor, deren Ausgrabungsarbeiten Thor Heyerdahl leitete. Insgesamt wurden 26 z.T. stark verwitterte, doch in der Form gut erkennbare Adobe-Pyramiden aus der Zeit um 700 gefunden. Die größte, vermutlich das Zeremonialzentrum, ist die *Huaca*

Larga. Vom Aussichtsplatz am Heiligen Berg, auf dem früher Menschen geopfert wurden, kann man die Ausmaße der Stadt überschauen. Höhepunkt ist die *Huaca Balsas* mit phantastisch erhaltenen Reliefs. Für einen Rundgang frage am besten einen lokalen Guide *(30 S/.). Av. Federico Villareal 152 | tgl. 8.30–16.30 Uhr | Eintritt 8 S/., mit Mirador 12 S/. | museodesitiotucume.com | 3 Std. |* *B5*

3 FERREÑAFE

18 km/25 Min. von Chiclayo (mit dem Auto)

Seit in Ferreñafe das futuristische *Museo Nacional Sicán (Plaza de Armas | Di–Sa 9–17 Uhr | Eintritt 8 S/. | Guide 30 S/. | 1½ Std.)* eröffnet wurde, ist der nordöstlich von Chiclayo gelegene Ort Pilgerziel aller, die vom Glanz der alten Kulturen nicht genug bekommen können. Die Fundstätten, 20 bis 30 m hohe Stufenpyramiden, liegen verstreut im Nationalpark *Bosque de Pomac,* 16 km weiter an der Straße nach Batán Grande. Für die Besichtigung bieten die Führer im Besucherzentrum *(8–18 Uhr)* Wanderungen oder Reittouren an. *B5*

4 COMPLEJO ARQUEOLÓGICO DE HUACA RAJADA

35 km/50 Min. von Chiclayo (mit dem Auto)

Das 1987 entdeckte Grab des Mochefürsten aus dem 2./3. Jh. ist komplett nachgebildet: Um die prächtig geschmückte Mumie des Fürsten liegen die Mumien zweier Frauen, zweier Krieger, eines Wächters, eines Kindes und eines Hundes. Das *Museo de Sitio Huaca Rajada Sipán (tgl. 9–17 Uhr | Eintritt 8 S/. | 1½ Std.)* am Rand der Anlage zeigt die Ergebnisse aktueller Grabungen und dokumentiert den Verlauf der einstigen Ausgrabungsarbeiten. *B5*

Surfer treffen in Máncora auf gute Wellen und viele Gleichgesinnte

5 CHAPARRÍ

80 km/1½ Std. von Chiclayo (mit dem Auto)

Die von der lokalen Campesino-Gemeinde verwaltete *Área de Conservación Privada Chaparrí* ist Perus erstes privates Naturschutzgebiet. Es schützt den Trockenwald und dessen Fauna und Flora auf einer Fläche von 34 412 ha.

INSIDER-TIPP
Intellektuelle Raubtiere

Nur hier bekommt man neben dem seltenen Weißflügeltruthahn auch noch Brillenbären zu sehen. Aber auch Füchse, Rehe und Kolibris machen den Besuch Chaparrís zu einem Erlebnis – besonders schön ist es frühmorgens und am späten Nachmittag. Übernachten kann man in komfortablen Zimmern. Ein Besuch ist allerdings nur nach Anmeldung möglich! *Tagesbesucher: Tel. 074 79 62 99 | Eintritt 10 S/. | Guide 50 S/. (1–10 Pers.). Übernachtungsgäste: Handy 984 67 62 49 | Kontakt Anahi Plenge | chaparrilodge.com | €€. Die* Anreise kann durch Chaparrí ab Chiclayo organisiert werden. Günstigere Eigenanreise: Vom Terminal Epsel in Chiclayo einen Combi (Kleinbus) bis Chongoyape nehmen *(ca. 1 Std. Fahrtzeit | 5 S/.)* und dort ein Mototaxi *(Fahrt 45 Min. | ca. 40 S/.)* anheuern. Rückfahrt vereinbaren! *B5*

6 MÁNCORA

390 km/6 Std. von Chiclayo (mit dem Bus)

Peru schönste Badestrände liegen im hohen Norden. Hier ist ganzjährig Saison, denn die Sonne scheint fast täglich, und das Wasser ist badewannenwarm. Wenn du vor allem am Strand chillen willst und es eher ruhig magst, bist du in Punta Sal richtig. Touristisches Zentrum ist das Städtchen Máncora, das mit einem wunderschönen Sandstrand und gleichmäßigen Wellen vor allem junge Leute, darunter viele Surfer anlockt. An der Hauptstraße im Ort reihen sich Hostels, Cafés und Bars aneinander. Das nette Hostel *Del Wawa (delwawa.com)* bietet tägliche Yoga-Sessions mit Blick aufs Meer an, auch für Nicht-Gäste. Die Strände Pocitas und Vichayito südlich von Máncora sind ruhiger und die Hotels teurer.

Wenn du Ruhe und Entspannung suchst, solltest du eher nach Los Órganos, 13 km südlich von Máncora, gehen. Hier gibt es einen nahezu menschenleeren Strand und ein paar schöne Wellen zum Surfen.

INSIDER-TIPP
Der mit dem Wal tanzt

Von August bis Oktober schwimmen Buckelwale mit ihren Jungen vorbei. Der Öko-Veranstalter *Pacifico Adventures (pacificoadventures.com)* kann dich mit Booten zu ihnen bringen und dir jede Menge Wissenswertes über die gewaltigen, aber gutmütigen Meerestiere erzählen.

Noch ein paar Kilometer weiter, im kleinen Fischerort El Ñuro, gibt es einen fantastischen Strand mit türkisfarbenem Wasser, in dem auch Meeresschildkröten planschen. Landratten können sie vom Pier aus beobachten, Wasserratten mit ihnen schwimmen. Schnorcheln mit den Panzertieren kann man auch unter Anleitung mit *Nord Peru Tours (nordperutours.com/es).* *A3*

Weit über 1000 Jahre alt sind die mächtigen Festungsmauern von Kuélap

CHACHA-POYAS

(🕮 C5) **Nach einer abenteuerlichen Fahrt über hohe Andenpässe und den tiefen Cañon des Río Marañon erreicht man Chachapoyas (30 000 Ew.) auf der feuchten Andenostseite.**

Das Gebiet um die Hauptstadt des Departamento Amazonas war einst Lebensraum der Chachapoya, die erst im 15. Jh. von den Inkas dominiert wurden. Um Aufständische zu bekämpfen, schickte Francisco Pizarro Capitán Alonso de Alvarado in die bergige Gegend. Er gründete 1538 die Stadt, die 1545 von einem Erdbeben zerstört und an den heutigen Standort verlegt wurde. Heute ist der Tourismus dabei, die Region zu entdecken. Mit der Chachapoya-Festung *Kuélap*, , die seit Kurzem mit einer Seilbahn zu erreichen ist, dem Wasserfall *Gocta* (einem der höchsten der Welt!) und dem Museum in *Leymebamba* lädt die Stadt zu Erkundungen der Umgebung ein.

ESSEN & TRINKEN

EL BATÁN DEL TAYTA

Gemütliches Restaurant mit ausgefallener Fusionsküche. Das Essen wird u.a. auf Steinplatten oder in Holzschiffchen serviert. Dazu nettes Personal – voilá! *Tgl. | Jr. La Merced 604 | Tel. 982 77 72 19 | €€*

CAFÉ FUSIONES

Gelungene Mischung aus Café, Fairtrade-Verkaufsstelle und Reiseagentur.

Leckere Pfannkuchen, vegetarische Burger. Wer möchte, kann Fairtrade-Biokaffee oder -schokolade sowie Kunsthandwerk erwerben. Büchertausch und WLAN. *So geschl. | Jr. Ayacucho 952 | Tel. 041 47 91 70 | €*

RUND UM CHACHAPOYAS

7 GOCTA

35 km/1 Std. von Chachapoyas (mit dem Bus oder Taxi), plus Wanderung ca. 6 km

INSIDER-TIPP
Ein (Wasser-) Fall für zwei

Mit einer Höhe von 771 m, verteilt auf zwei Fallstufen (231 und 540 m), gehört Gocta zu den höchsten Wasserfällen der Welt. Den Megafall kannst du von Chachapoyas im Rahmen einer Tagestour oder auf eigene Faust besuchen. Zur Regenzeit ist der Wasserfall am gewaltigsten, in der Trockenzeit nur ein kümmerliches Rinnsal. Wanderung zur Basis der 1. Fallstufe ab San Pablo *(2 ½ Std. | Eintritt 10 S/.)* – dieser Weg ist einfacher und darum eher für Ältere und Kinder geeignet. Zur Basis der 2. Fallstufe gelangt man ab Cocachimba *(2 ½ Std. | Eintritt 10 S/.)*. Für den Guide und ein Pferd sind ab Cocachimba 30–40 S/. zu zahlen, ab San Pablo 20 S/. Reiseveranstalter nehmen ca. 70 S/. für den Ausflug ab Chachapoyas, ein Taxi kostet hin und zurück 130 S/. Übernachtungsempfehlung: die *Gocta Andes Lodge (goctalodge.com | €€)* bietet acht exklusive Zimmer und zwei Suiten mit Balkon oder Terrasse und Blick auf den Wasserfall! C5

8 KUÉLAP ★

120 km/2 Std. von Chachapoyas nach Tingo (mit Auto oder Bus), von dort 10 km (3–4 Std.) zu Fuß oder in 20 Min. mit der Seilbahn

Die gewaltige Zitadelle, erbaut im 8.–9. Jh. n. Chr. und erst 1843 wiederentdeckt, liegt strategisch günstig auf einem 3000 m hohen Bergplateau über dem Utcubamba-Tal. Neue Erkenntnisse lassen darauf schließen, dass es sich um ein religiöses Zentrum handelte. Die Anlage besteht aus einer bis zu 20 m hohen Ringmauer, die ein 584 m langes und bis zu 110 m breites Oval umschließt. Kuélap ist am besten mit einer organisierten Tour mit einem der Anbieter an der Plaza de Armas von Chachapoyas zu erreichen *(ca. 95 S/.)*. Vom Ort Tingo kann man nach Kuélap wandern oder reiten (ca. 4 bzw. 2 Std.). Mit dem *Teleférico* (Seilbahn) geht's noch schneller *(Hin- und Rückfahrt 20 S/.)*. Von Tingo María bis zum Ziel werden dabei 661 Höhenmeter überwunden. *Tgl. 8–17 Uhr | Eintritt 20 S/.* | C5

9 LEYMEBAMBA

76 km/2 Std. von Chachapoyas (per Überlandbus)

Der Ort auf 2210 m Höhe ist Startpunkt für Ausflüge zur *Laguna de los Cóndores*, an der 185 gut erhaltene Mumienbündel und die Gebeine von weiteren 150 Menschen der Chachapoya-Kultur (ca. 500–1475) gefunden wurden. Ihnen ist das 2,5 km außerhalb liegende *Museo Leymebamba* gewidmet *(tgl. 10–16.30 Uhr | Eintritt 15 S/. | 30 Min.)*. Kleinbusse fahren mehrmals täglich nach Leymebamba. *C5*

CAJAMARCA

(B5) **Die schöne Kolonialstadt (300 000 Ew.), Hauptstadt des gleichnamigen Departamentos, liegt in ländlicher Abgeschiedenheit auf einer 2750 m hohen Hochebene.**

Besucher schlendern durch die engen Straßen, bewundern die alten Kolonialhäuser und den eigenwilligen Mestizenstil der Kirchen und gedenken auf der heute hübsch begrünten *Plaza de Armas* mit dem 350 Jahre alten Brunnen der dramatischen Hinrichtung des letzten Inkaherrschers Atahualpa. Cajamarca ist ein uralter Siedlungsraum. Früh kamen Siedler aus Chavín und später von der Küste (Chimú), die ihre Spuren vor allem im sogenannten *Cajamarca*-Keramikstil hinterließen. Ihre Toten begruben sie vor 1400 Jahren in fensterförmigen Felsnischen. Aus der folgenden Inkazeit erhalten blieb der Platz, an dem Atahualpa die Tributleistungen seiner Untertanen entgegengenommen haben soll: der *Silla del Inca* (Thron des Inka) auf dem Cerro Santa Apolonía.

Cajamarca gilt heute als das „peruanische Allgäu". Ländlicher Tourismus wie der Besuch von Käsereien, z.B. von *Tres Molinas*, oder von Viehzucht-Haciendas, wie z.B. *La Collpa*, sind sehr beliebt.

SIGHTSEEING

CONJUNTO MONUMENTAL BELÉN

Zur eleganten Fassade passt die prachtvolle Innenausstattung. Sehenswert auch die ehemaligen Hospitalräume aus der Kolonialzeit. *Jr. Belén | Di–Sa 9–13, 15–18, So 9–13 Uhr | Eintritt 5 S/. (Ticket gilt auch für das Cuarto del Rescate) | 45 Min.*

CUARTO DEL RESCATE

Die 6 × 10 m große Original-Gefängniszelle des Atahualpa ließ der Inka randvoll mit Schätzen im heutigen Wert von 90 Mio. Euro füllen, um sein Leben zu retten: Die rote Linie, bis zu der die Schätze angeblich angehäuft wurden, malte man später auf. *Jr. Amalia Puga 750 | Di–Sa 9–13, 15–18, So 9–13 Uhr | Eintritt 5 S/. (Ticket gilt auch für den Conjunto Monumental Belén) | 15 Min.*

IGLESIA Y CONVENTO SAN FRANCISCO/CAPILLA DE LA DOLOROSA

Im Innern übertrifft die Kirche sogar die Kathedrale noch an Glanz; im Kloster ist ein kleines *Museum für religiöse Kolonialkunst* untergebracht. In der *Capilla de La Dolorosa* (rechts neben der Kirche) überziehen filigrane Steinmetzarbeiten die Säulen, Wände und Decken. *Plaza de Armas | Mo–So 10–12, 16–20 Uhr | Eintritt 3 S/. | 1 Std.*

KATHEDRALE

Ein Meisterwerk der Steinmetzkunst ist die Fassade mit weinumrankten Säulen und wucherndem Blattwerk. Im Innern der nach 350-jähriger Bauzeit erst 1960 fertiggestellten Kirche sind eine prächtige Kanzel und churriguereske Altäre zu sehen. *Plaza de Armas | tgl. 8–11, 16–19 Uhr | 30 Min.*

MUSEO ARQUEOLÓGICO NACIONAL HORACIO URTEAGA

Wer sich für die Keramiken der präinkaischen Cajamarca-Kulturen interessiert, kann sich hier einen guten Überblick verschaffen. *Jr. Batán 289 | Mo–Fr 7.30–14.45 Uhr | Eintritt frei, Spende erwünscht | 45 Min.*

ESSEN & TRINKEN

CAFÉ BAR CASCANUEZ

Neben warmen Speisen bekommst du hier auch sehr gute Kaffee- und Konditoreispezialitäten. *Tgl. | Amalia Puga 554 | Tel. 076 36 60 89 | €€*

ESPRESSOBAR LOS JAZMINES

INSIDER-TIPP
Kaffee trinken für einen guten Zweck

Schnuckeliges Café im Hostel gleichen Namens, das auch soziale Projekte unterstützt. Kaffee und leckere Kuchen mit Blick in den grünen Patio. *Tgl. | Amazonas 775 | Tel. 076 36 18 12 | hospedajelosjazmines.com.pe | €*

GRAN RESTAURANT EL ZARCO-CAMPESTRE

Der Service ist so lala, aber die Einheimischen schwören auf die gute Küche: Suppen und Maisgerichte, auch chinesisches Essen. *Sa geschl. | Jr. Del Batán 170 | Tel. 076 36 34 21 | €*

RESTAURANTE SALAS

Hier, im Stadtzentrum von Cajamarca, gibt es leckere traditionelle Gerichte wie z.B. *sopa verde* („grüne Suppe") u.a. mit Spinat, Kartoffeln und Ei. *Tgl. | Jr. Amalia Puga 637 | Tel. 076 36 28 67 | €*

SHOPPEN

Typisch für die Region sind die wollenen Satteltaschen *(alforjas)*, die auf dem Markt *(Amazonas)* oder in vielen Läden angeboten werden – sehr dekorativ, auch wenn du zu Hause kein Lama hast. Kunsthandwerksmärkte findest du in folgenden Straßen: *Jr. del Comercio, Jr. 2 de Mayo, Jr. Belén.*

AUSGEHEN & FEIERN

USHA USHA

Die kleine, sympathische *Peña* („Stammkneipe") ist eine Institution in Cajamarca. *Amalia Puga 142 | Livemusik Di–Sa ab 21 Uhr*

RUND UM CAJAMARCA

10 VENTANILLAS DE OTUZCO

8 km/30 Min. von Cajamarca (mit dem Bus Richtung Otuzco)

Die rund 1400 Jahre alte Nekropole liegt wenige Kilometer nordöstlich von Cajamarca. Die in den Fels gehauenen Grabkammern *(ventanillas* bedeutet Fensterchen) geben ihr schon von weitem ein gespenstisches Gepräge. *Tgl. 9–17 Uhr | Eintritt 5 S/. | geführte Touren ab Plaza de Armas | 2 Std. | B–C5*

11 BAÑOS DEL INCA

6km/15 Min. vom Zentrum in Cajamarca (mit Bus oder Taxi)

Aus der Zeit der Inka ist nur noch ein kleiner Teil der Bäder mit dem Namen

Cajamarca: Landleben wie in Norddeutschland – eine schwarzbunte Kuh wird gemolken

Pozo del Inca („Inka-Brunnen") erhalten – dennoch kann man sich in der modernisierten dampfenden Anlage gut vorstellen, wie Atahualpa hier einst die Heilkraft des schwefelhaltigen Wassers genoss. Microbusse mit der Aufschrift „Baños del Inca" fahren ständig entlang der Straßen Sabogal und Huánuco zu den östlich von Cajamarca gelgenenen Thermalquellen. Alternativ könnt ihr ein Taxi für 10 S/. nehmen. *Tgl. 5–20 Uhr | Eintritt großes Becken 3 S/. (Mo und Fr geschl.) | Privatkabinen 5 und 6 S/., ganze Woche benutzbar (Handtücher mitbringen!) | Sauna 10 S/., Massagen 20 S/.* | *B5*

12 CUMBE MAYO

20 km/1 Std. von Cajarmarca (mit Taxi oder Tourbus)

Die präinkaische Ruinenanlage der *Cajamarca-Marañón*-Kultur breitet sich südwestlich von Cajamarca in 3570 m Höhe aus. Der Archäologe Julio Tello fand hier einen 9 km langen Bewässerungskanal mit Gefälle, der z.T. durch Tunnelabschnitte führt. Ritzmotive lassen auf eine Beziehung zur Chavín-Kultur schließen. Agenturen bieten Ausflüge ab der Plaza de Armas *(ab 40 S/.)* an. *B5*

13 KUNTUR HUASI

93 km/1¾ Std. vom Zentrum (mit Bus oder Sammeltaxi)

Die Steinmonolithen von *Kuntur Huasi* („Kondorhaus") liegen ca. 50 km westlich von Cajamarca. Das Zeremonialzentrum wurde um 700 n. Chr. auf einem älteren Komplex errichtet. Unter der zentralen Plattform fanden Archäologen Gräber mit Goldschmuck, der im Ortsmuseum *(Di–So 10–17 Uhr | Eintritt 10 S/. | 2 Std.)* teils als Nachbildung, teils im Original ausgestellt ist. Interessant sind die Stelen, die Wesen mit raubtierähnlichen Zügen zeigen. Die Anlage ist am einfachsten im Rahmen einer organisierten Tour ab Cajamarca zu erreichen oder mit Bus/Sammeltaxi ab Cuadra 11 der Angamos. *B5*

TRUJILLO

(*B6*) Obwohl Trujillo, das 560 km nördlich von Lima an der Panamericana liegt, mit 800 000 Einwohnern keine Kleinstadt ist, wirkt es doch beschaulich und liebenswürdig.

Viel trägt dazu das gepflegte Zentrum mit prächtigen Palästen aus der Zeit der Zuckerbarone bei, die 1969 von der Militärjunta enteignet wurden. Typisch für Trujillo sind die oben und unten gebündelten Gitterfenster der kolonialen Fassaden. In der Mittagszeit malen die Schatten hübsche Kont-

WOHIN ZUERST?

Fahr mit einem der Kleinbusse nach Huanchaco ans Meer, schlendere die Strandpromenade entlang, iss frischen Fisch und schau am Abend den *totoras*, den Schilfbooten, zu, wie sie nach dem Fang heimkehren. Eine schönere Einstimmung kann man sich nicht vorstellen.

raste in die dann fast menschenleeren Straßen.

In Trujillo mischen sich kolonialer Charme, kreolischer Stolz, präkolumbische Geschichte und die nahe Brise des Pazifiks. Pizarro gründete die Stadt 1535 vor den Toren der Chimú-Metropole Chan Chan und benannte sie nach seiner Heimatstadt in der spanischen Extremadura. Die Reste von Chan Chan erheben sich bis heute aus dem Wüstensand und sind eine von zahlreichen archäologischen Attraktionen Trujillos.

Die Rolle des Vorreiters spielte die Stadt während der Unabhängigkeitsbewegung – schon 1820 sagte man sich hier von Spanien los. Trujillo wurde schließlich zur Hauptstadt der Provinz „La Libertad" (Die Freiheit) gekürt. Im Nationaltanz *La Marinera*, für den die Stadt berühmt ist, scheint sich die Freude über die errungene Freiheit auszudrücken. Er ist eine Art lockerer Flamenco, bei dem sich die Partner kokett mit Tüchern umgarnen. Auch das Erbe der Chimú ist bis heute lebendig. Das wird feststellen, wer sich zum nahen Küstenort Huanchaco aufmacht. Denn in dem sympathischen, kleinen Badeort benutzen die Fischer immer noch die *caballitos de totora*, Boote aus gebündeltem Schilf – ganz wie ihre präkolumbischen Vorfahren.
munitrujillo.gob.pe

SIGHTSEEING

PLAZA DE ARMAS

Den zentralen Platz ziert ein Denkmal für die Helden des Freiheitskampfes; drum herum stehen die schönsten

Gebäude der Stadt: die *Kathedrale (tgl. 8–12, 17–20 Uhr | Eintritt 4 S/. | 30 Min.)* aus dem 17. Jh., deren Chorgestühl zu den prächtigsten ganz Perus gehört; rechts daneben der *Palast des Erzbischofs* mit einem schönen Innenhof. Weiter rechts *(Jr. Pizarro 446)* hat die Zentralbank das Haus des Grafen Urquiaga *(Mo–Fr 9.15–15.15, Sa 9.15–13 Uhr | Pass mitbringen! | 45 Min.)* restauriert, das Simón Bolívar 1820 mal bewohnte. Daneben befindet sich das *Rathaus* mit der Touristeninformation. Gegenüber ist die schmucke, gelbe *Casa Bracamonte (Jr. Independencia 441)* mit den für Trujillo so typischen Fenstergittern zu sehen.

CASA DE LA EMANCIPACIÓN

Der Marqués de Torre Tagle bereitete hier die Unabhängigkeit der Stadt vor; später war das Gebäude Sitz des Kongresses und Regierungspalast, heute sitzt hier die Banco Continental. *Jr. Pizarro 610 | Mo–Sa 9–13, 16–20 Uhr | Eintritt frei*

MUSEO DE ARQUEOLOGÍA

INSIDER-TIPP
Von außen wie von innen schön

Dies ist eins der schönsten Museen Perus: In den mit Mahagoni getäfelten Räumen der stolzen *Casa Risco* sind Keramiken der Moche, Chimú und Inka ausgestellt. Eine Abteilung ist dem Ruinenfeld Chan Chan gewidmet, eine andere den Ausgrabungen der Huaca de la Luna. *Jr. Junín 682 | Mo–Sa 9–17, So 9–13 Uhr | Eintritt S/.5 | unitru.edu.pe | 1 Std.*

IGLESIA EL CARMEN

Durch ihren eigenwilligen Baustil wurde die 1725 fertiggestellte Kirche zu einer der bedeutendsten der Region; im Innern ist ein prächtiger churrigueresker Altar der Blickfang. *Colón/ Bolívar | Besichtigung nach Anmeldung: Tel. 044 24 18 23 | Messe tgl. 7 Uhr | 30 Min.*

MUSEO DEL JUGUETE

Kleines Museum mit Spielzeug aus prähispanischer Zeit bis zu den 1950er-Jahren: Puppen, Zinnsoldaten, elektrische Eisenbahn, Marionetten, Pfeifen. Im ersten Stock gibt es eine urige Kneipe für die Boheme Trujillos. *Independencia 705 | Mo–Sa 10–16, So 10–13 Uhr | Eintritt 5 S/., Kinder 2 S/. | 30 Min.*

Trujillos Zentrum: Plaza de Armas mit Kathedrale

MUSEO DE ARTE MODERNO
Etwas außerhalb liegt in einer herrlichen Gartenanlage dieses Kleinod der modernen Kunst. Neben Gemälden des Gründers Gerardo Chávez finden Sie hier Skulpturen und Werke internationaler Künstler der Gegenwart. *Prolongación Av. Federico Villarreal s/n | Carretera Industrial | Mz. W, Lt. 2 | Urb. Semirustica El Bosque | tgl. 9–17 Uhr | Eintritt 10 S/. | ⏲ 2 Std.*

ESSEN & TRINKEN

INSIDER-TIPP
Wie im Wohnzimmer

CASONA DEZA
Gemütliches Caférestaurant mit antiken Möbeln und einem netten Innenhof. Neben Frühstück, gutem Kaffee, selbstgemachter Pasta, Pizza und Salaten gibt es hier sogar ein glutenfreies Mittagsmenü. *Mo geschl. | Jr. Independencia 630 | facebook: Casona Deza | €–€€*

DEMARCO
Schicke Boheme-Cafeteria mit Kunst an den Wänden; dazu gute Pizza und köstliches Tiramisu. *Tgl. | Jr. Francisco Pizarro 725 | Tel. 044 23 42 51 | €–€€*

LOS HERRAJES
Hier bekommst du vor allem Meeresfrüchte aus dem nahen Pazifik in allen Variationen, auch typisch peruanisch als *ceviche*. *Tgl. | Av. 9 de Octubre 893 | Urb. Las Quintanas | Tel. 044 20 48 46 | losherrajes.com | €€€*

EL MOCHICA
Quirliges Speiselokal mit Kantinencharme, aber es gibt beste Regionalkost! Im Hinterstübchen Bühnenshows. *Tgl. 8–24, Show Fr–So ab 12 Uhr | Bolívar 462 | Tel. 044 22 44 01 | €€*

ROMANO
Von früh bis spät Auffangstation für Hungrige, die sich an der ständigen TV-Berieselung nicht weiter stören und herzhafte einheimische Küche in ordentlichen Portionen lieben. *Tgl. 8–24 Uhr | Jr. Pizarro 747 | Tel. 044 25 22 51 | €€*

SPORT & SPASS

THE WAVE SURF SCHOOL
Wenn du dich aufs Brett schwingen und Wellen reiten willst, findest du hier Bretter, Wetsuits und Privatlehrer. Für die Ausrüstung zahlst du 25 S/. pro Tag, für eine Privatstunde (ca. 2 Std.) 70 S/. An der Promenade sitzen weitere Anbieter. *Tgl. | Larco 870 | Huanchaco | Tel. 975 93 71 10 | facebook: The Wave Huanchaco*

AUSGEHEN & FEIERN

REAL PLAZA TRUJILLO
Im größten Einkaufszentrum Trujillos hat man die Wahl zwischen den Bars *Sónica* und *Mística* oder der Disko *Ama*. Wer es lieber ruhiger mag, geht ins Kino *Cineplanet*. *Av. César Vallejo Oeste 1345 | Tel. 044 42 35 35 | realplaza.pe*

EL TRASGU
Pub mit Livemusik, bunte Mischung aus Rock, Pachanga (eine Art Vorläufer des Salsa) und Sologitarristen. *Mo–Sa*

Antike Stadt aus Lehm: Chan Chan, die ehemalige Hauptstadt der Chimú-Kultur

20–3 Uhr | Las Hortensias 588, Urb. California

VERANSTALTER

DESTINOS TRAVEL & SERVICES

Großes Ausflugsprogramm, Stadtrundfahrten. *Av. España 2350 (Büro H-1, 2. St.) | Tel. 044 24 29 33, Handy 948 86 88 13 | destinostravelperu.com*

TRUJILLO TOURS

Spezialisiert u. a. auf Huanchaco, Chiclayo und mehrtägige Touren bis nach Chachapoyas und Kuélap. Der Veranstalter organisiert bei Bedarf deutschsprachige Guides. *Almagro 301, Ecke San Martín | Tel. 044 23 30 91 | trujillotours.com*

INSIDER-TIPP
Mehr als nur Bahnhof verstehen

RUND UM TRUJILLO

14 CHAN CHAN ★

5 km/10 Min. von Trujillo (mit Bus oder Taxi)

Das Ruinenfeld der Chimú-Hauptstadt schließt nördlich an das Stadtgebiet Trujillos an (Ausfahrt Huanchaco). Mit 20 km² ist die im 15. Jh. von den Inka unterworfene Stadt die größte archäologische Stätte des Kontinents und die größte Lehmziegelstadt der Welt (seit 1986 Unesco-Weltkulturerbe). Im 12./13. Jh. bewohnten ca. 100 000 Menschen die neun *ciudadelas* (Stadtviertel): Fischer, Bauern, Handwerker, Kaufleute, Krieger, Priester und die Familien der Führungselite. Zzt. ist nur der *Palacio Nik An* zugänglich. Im Innern wirkt die Anlage mit ihren hohen Mauern und langen Gängen wie ein Labyrinth. Im *Museo del Sitio (tgl. 9–16 Uhr | Eintritt 10 S/. | 1½ Std.)* ist die Bauweise erläutert. Ein kompliziertes Bewässerungssystem sicherte die Feldwirtschaft. Die Eintrittskarte berechtigt auch zum Besuch der *Huanca Esmerala* (auf halber Strecke zwischen Trujillo und Chan Chan) und der *Huaca Arco Iris* (5 km nördl. von Trujillo). Der restaurierte Tempel der Chimú verdankt den Namen „Regenbogentempel" den Motiven an seinen Wänden. B6

15 HUANCHACO

13 km/20 Min. von Trujillo (mit Bus oder Combi)

Etliche gute Hotels spiegeln die Beliebtheit des Badeorts an der Pazifikküste nördlich von Trujillo wider. Eine Attraktion – abgesehen vom Strand – sind die Fischer auf ihren *caballitos de totora* („Schilfpferdchen"), spitzschnabeligen Booten aus gebündeltem Schilfrohr, wie sie schon die Moche und Chimú vor Jahrhunderten verwendeten. Es gibt viele gute Fischrestaurants, z. B. das noble *Big Ben (tgl. 11–17.30 Uhr | Av. Larco 1182, Urb. El Boquerón | Tel. 044 46 18 69 | bigbenhuanchaco.com | €€–€€€).)* Weniger zahlst du im *Otra Cosa (tgl. 8–22 Uhr | Larco 1312 | facebook: Otra Cosa Restaurante Vegetariano | €€)*, einem vegetarischen Restaurant unter peruanisch-holländischer Leitung. Von der Terrasse schaust du direkt aufs Meer. Hier gibt's feinsten Biokaffee, Gemüse ohne Ende und Pfannkuchen zum

INSIDER-TIPP
Ohne Fleisch, mit Meer

Traditionelle Schilfboote warten am Strand von Huanchaco auf ihren Einsatz

Reinlegen. Außerdem kannst du Bücher tauschen und fair gehandeltes Kunstwerk kaufen. 🗺 B6

16 EL BRUJO

60 km/1 Std. von Trujillo (mit Bus über die Panamericana, dann Taxi)

Die Grabungsstätte liegt nördlich von Trujillo (Abzweig zur Küste von der Panamericana bei Chocope) und ist Teil der Moche-Route. Der Komplex besteht aus der 5000 Jahre alten *Huaca Prieta*, der *Huaca El Brujo* (schöne Reliefs!) und der *Huaca Cao Viejo* mit farbigen Opfer- und Kampfszenen. Auch das Grab der Moche-Mumie „Señora de Cao" ist zu sehen. Im *Museo El Brujo y la Dama de Cao (Magdalena de Cao | tgl. 9–17 Uhr | Eintritt 10 S/.)* sind Funde ausgestellt. 🗺 B6

17 CHICAMA

85 km/1½ Std. von Trujillo (mit Bus über die Panamericana, dann Taxi)

Weitere 25 km nördlich findest du in Puerto Malabrigo, besser bekannt als Chicama, die perfekte und längste links brechende Welle der Welt. Ein Traum für Surfer! Der breite Strand mit hohen Sanddünen ist auch ganz schön, allerdings weht hier oft ein frischer Wind. Der Ort selbst ist ziemlich verlassen: ein paar Hostels und einfache Restaurants, eine alte Mole und eine Fischmehlfabrik, das ist alles. Wild und ursprünglich! 🗺 B6

18 HUACA DE LA LUNA/ HUACA DEL SOL ★

10 km/¼ Std. von Trujillo (Taxi/Bus)

Der 50 m hohe Sonnentempel *(Huaca del Sol)* und der kleinere Mondtempel *(Huaca de la Luna)* liegen am Ufer des meist trockenen Río Moche am Südostrand Trujillos, einem Siedlungsgebiet der 2000 Jahre alten Moche-Kultur. Bei Ausgrabungen fand man Wandreliefs und -malereien und eine siebenstufige Hauptfassade, u. a. mit Mochica-Kalender. *Campiña de Moche | tgl. 9–16 Uhr | Eintritt 10 S/. | huacasdemoche.pe | ⏲ 1½ Std. |* 🗺 B6

HUARAZ

(🗺 C7) **Das Bergsteiger-Mekka liegt 3050 m hoch in der traumhaften Kulisse der schneebedeckten Cordillera Blanca mit ihren kantigen, schneebedeckten 6000er-Gipfeln.** Dazu gehört auch der 5947 m hohe *Alpamayo,* der von Bergsteigern als schönster Berg der Erde gerühmt wird. Hier erhebt sich auch der mit 6768 m höchste Berg des Landes, der *Nevado Huascarán.* Er bildet die Westgrenze des nach ihm benannten und von der Unesco zum Welterbe erklärten Nationalparks. Zahlreich durchsetzen ihn dunkle Lagunen, auf den Ichú-Wiesen weiden Lamas, und vereinzelt wächst in den Hochtälern die größte Bromelie der Welt *(Puya raimondii).* Nach einer Eislawine (1958) und einem Erdbeben (1970) musste der Ort neu erbaut werden. Die vielen Traveller, Trekkingfans und Bergsteiger aus aller Welt verleihen ihm eine weltoffene Atmosphäre. Huaraz ist Ausgangspunkt für Ausflüge zu den Lagunen von *Llanganuco*, zum *Pastoruri*-Gletscher und zur Ruinenstätte *Chavín de Huántar.*

SIGHTSEEING

MUSEO ARQUEOLÓGICO DE ANCASH

Steinskulpturen aus Chavín und die größte Monolithensammlung der regionalen Folgekultur Recuay (600 v. Chr.–200 n. Chr.). *Av. Luzuriaga 762, Plaza de Armas | Di–Sa 8.30–17.15, So 9–14 Uhr | Eintritt 6 S/. | 1 Std.*

ESSEN & TRINKEN

CAFÉ ANDINO

INSIDER-TIPP
Brunchen und blättern

Bei Kaminfeuer treffen sich Bergsteiger und Wanderer auf einen Kaffee. Es gibt Kuchen, Salate und gutes Frühstück. Außerdem kannst du hier dein gelesenes Buch gegen ein anderes umtauschen oder dir aus der Leihbibliothek eins ausleihen. *Tgl. | Lucar y Torre 503 | Tel. 043 42 12 03 | €€*

13 BÚHOS

Mittags kannst du in dieser zweistöckigen Cafébar für nur 12 S/. ein Menü futtern, abends Billard spielen und Fr/Sa feiern. Peruanische Gerichte und Pizza & Pasta. *Tgl. | Parque Ginebra | facebook: 13 Búhos | €€*

SPORT & SPASS

RESPONSIBLE TRAVEL PERU

Agentur, die fairen Tourismus anbietet. Homestay-Programm in der Cordillera Blanca sowie Trekking auf dem alten Inkaweg Capac Ñan. *Jr. Eulogio del Rio 1364 | Tel. 043 42 79 49 | responsibletravelperu.com*

TREKKING/PARQUE NACIONAL HUASCARÁN

In der *Casa de Guías*, dem Bergführerbüro und der Kontaktstelle der *Asociación de Guías de Montaña (Plaza Ginebra 28 | Mo–Sa 9–13, 16–20 Uhr | Tel. 043 42 18 11 | agmp.pe)*, gibt's Landkarten, Träger und Lasttiere; außerdem werden Satellitentelefone verliehen. Eine gute deutschsprachige Agentur ist *Active Peru Travel (Gamarra 695 | Tel. 043 42 97 99 | activeperu.com).*

AUSGEHEN & FEIERN

EL TAMBO

Klassiker bei Urlaubern und Einheimischen. Internationale Hits, Latin Rock. *Mo geschl. | José de la Mar 776*

RUND UM HUARAZ

19 CARÁZ

66 km/1 Std. von Huaraz (mit Auto oder Minibus)

Das bei Trekkingfans und Bergsteigern bekannte Bergdorf liegt nördlich von Huaraz auf 2256 m Höhe. Unweit, in Cashapampa (27 km, 1 Std.), startet der 3–4-tägige Santa-Cruz-Trek und beginnen die Aufstiege auf den 5947 m hohen Alpamayo. Von Caraz aus geht eine kurvige Schotterpiste zur Laguna Parón, einem bonbonblauen Gletschersee auf 4100 m Höhe mit Blick auf mehrere Fünf- und

INSIDER-TIPP
Atemberaubende Seerunde

Steinkopf am Tempelkomplex von Chavín de Huantar

Sechstausender-Gipfel. Hier kannst du einmal herumwandern oder mit dem Mountainbike die Strecke den Berg runterdüsen. Ein guter Veranstalter ist *Pony's Expeditions (Sucre 1266 | Tel. 043 39 16 42 | ponyexpeditions.com).* Bei Caráz tost der Río Santa durch den *Cañón del Pato*, eine nur 15 m breite und 15 km lange Gebirgsenge, über ein Gefälle von 500 m. Das Schauspiel kann man auch vom Auto aus auf der Straße nach Chimbote beobachten, sofern's nicht gerade durch einen der 35 Tunnel der Strecke geht. Caraz hat den Spitznamen „Dulzura" (Süße), weil du hier leckerstes *Manjar Blanco* (süße Milchcreme) und Eis findest. C6

20 CHAVÍN/CHAVÍN DE HUÁNTAR

115 km/2 Std. von Huaraz (Auto)

Die Ausgrabungsstätte Chavín de Huántar *(tgl. 8–17 Uhr | Eintritt 11 S/. | 1 Std.)*, Unesco-Welterbe seit 1985, liegt im *Callejón de Conchucos*, einem versteckten Seitental auf 3150 m Höhe vor dem Ort Chavín. Von der auf 800 v. Chr. datierten Anlage wurde nur ein Tempelkomplex freigelegt. Höchste Gottheit war offenbar der Puma. Er ist auf Steinen im Hof des Tempels eingraviert. Im Innern gibt es Gänge, Schächte und einen Raum, in dem ein 5 m hoher, zugespitzter, steinerner *lanzón* (Lanze) aufgestellt ist, der wohl bei Opferritualen eine Rolle spielte. Berühmt ist Chavín für seine an Trophäen erinnernden Steinköpfe. Im *Museo Nacional de Chavín (tgl. 9–17 Uhr | Eintritt frei)*, sind weitere Funde der Chavín-Kultur zu sehen. C7

21 CORDILLERA HUAYHUASH

110 km/2 Std. von Huaraz (mit Bus oder Auto)

Der Gebirgszug schließt sich südöstlich an die Cordillera Blanca an. Der gleichnamige, 170 km lange Trek um das nur 30 km lange, aber mit neun 6000er-Gipfeln gespickte Gebiet gehört zu den schönsten Wanderungen weltweit (ca. 8–9 Tage). Ausgangspunkt ist der kleine Ort *Llamac.* C7

SÜD- & ZENTRALPERU

WIE AUS DEM REISEKATALOG

Wie der Süden, „así es Perú" – so ist Peru. Wie im Brennglas findest du im Raum zwischen der trockenen Pazifikküste, dem Titicacasee und Machu Picchu im Urubambatal die charakteristischen Landschaften und kulturellen Höhepunkte des Landes. Hier liegen die stolzesten Städte und leben die meisten Menschen indigener Abstammung. Auch der einst wichtigste Verkehrsweg durchzieht den Süden: die Straße von Lima über Ayacucho nach Cuzco, die alte Verbindung zwischen dem „Nabel der Welt" aus der Inka-

Schilfinseln auf dem Titicacasee

zeit und dem Machtzentrum der Kolonialzeit. An der schier endlosen Küste mit Wanderdünen und trockenen Ebenen findest du geheimnisvolle Spuren früheren Lebens, wie die Linien von Nazca. In der Wüste von Ica wachsen Weinreben, aus denen der hochprozentige Pisco gebrannt wird. Ica ist auch Durchgangsstation zur Halbinsel Paracas, wo Ausflugsschiffe zu den Islas Ballestas starten: felsige, von den Wellen des Pazifiks umtoste Inseln mit Seelöwen, Pinguinen und Flamingos.

SÜD- & ZENTRALPERU

MARCO POLO HIGHLIGHTS

★ **CAÑÓN DEL COLCA**
Einer der tiefsten Cañons der Welt ➤ S. 92

★ **CUZCO**
Einst glanzvolle Metropole des Inkareichs, heute einzigartig als Architekturdenkmal ➤ S. 96

★ **HALBINSEL PARACAS**
Seelöwen, Flamingos und bizarre Strände – Höhepunkt der Südküstenroute ➤ S. 85

★ **SANTO DOMINGO/CORICANCHA**
Eine Kirche auf dem Sonnentempel von Cuzco ➤ S. 98

★ **INKA TRAIL**
Auf den Spuren der Inka zu Fuß nach Machu Picchu ➤ S. 103

★ **MACHU PICCHU**
Schönste archäologische Stätte Lateinamerikas ➤ S. 105

★ **LINIEN VON NAZCA**
Geheimnisumwitterte Scharrbilder in der Pampa Colorada ➤ S. 87

★ **ISLAS FLOTANTES**
Schwimmende Inseln auf dem berühmtesten See der Anden, dem Titicacasee ➤ S. 94

Arequipa schließlich, die immer sonnige Metropole des Südens mit dem fotogenen Vulkan Misti in nächster Nachbarschaft, ist Ausgangspunkt für einen Ausflug zum Cañón del Colca. Busse fahren auch nach Puno am Titicacasee. Von dort folgen Züge den Spuren des ersten Inka durch den Altiplano nach Cuzco. Nur wenige Kilometer weiter liegt Machu Picchu, der Höhepunkt jeder Peru-Reise.

AYACUCHO

(◫ E9) **Der kurze Flug von Lima führt in eine beschauliche Kolonialstadt (180 000 Ew.) in einem Hochtal der Anden auf 2746 m Höhe. Während der Kolonialzeit war sie ein wichtiger Brückenkopf zwischen Lima und Cuzco.**

Über 30 prächtige Kirchen und die prunkvollen Prozessionen zur Karwoche erinnern an diese Glanzzeit. Die Verbindungsstraße führte damals noch über Schluchten und alte Inka-Hängebrücken. Ayacucho hieß ursprünglich Huamanga und wurde 1824 umbenannt, nachdem der venezolanische Freiheitskämpfer José Antonio de Sucre in der nahen Pampa de *Quinua* beim kleinen Dorf Ayacucho einen entscheidenden Sieg für die Unabhängigkeit Perus davongetragen hatte. Die Einwohner nennen ihre Stadt bis heute Huamanga.

Ayacucho ist Ausgangspunkt für Ausflüge zu den Ruinen der Wari-Kultur (600–1100), die lange vor den Inka schon Städte mit Straßen verbunden hatten. Wer Zeit hat, kann von hier aus auch *Titankayoc,* den weltweit größten Wald von Puya-Raimondii-Pflanzen (bis zu 12 m große Riesenbromelie), besuchen. Das 450 ha große Areal ist zu Fuß in 2–3 Std. von Vischongo aus zu erreichen. 8 km entfernt liegt die Inkaruine *Vilcashuamán* („Heiliger Falke"), ein politisch-militärisches Zentrum, dessen Grundriss in Form eines Falken terrassiert wurde.

SIGHTSEEING

KIRCHEN

Die schönsten der über 30 Gotteshäuser sind die *Kathedrale* (1641, Goldaltäre im Churriguera-Stil) an der Plaza Sucre, die *Iglesia Santa Clara* (vergoldete Mudéjardecke) in der Jr. Grau, der *Templo de Santo Domingo* (1548, offene Kapelle für *indígenas*) in der 9 de Diciembre und *La Compañía de Jesus Santa Teresa* (1605, barocker Hochaltar) in der Jr. 28 de Julio. *Geöffnet sind die Kirchen zu den Gottesdiensten*

MUSEO DE LA MEMORIA

Gedächtnisstätte für den Terror der 1980er-Jahre, als die Universität Ayacucho als geistiges Zentrum der Guerilla-Organisation „Leuchtender Pfad" *(Sendero luminoso)* galt. Die Organisation der Familienangehörigen der Opfer (ANFASEP) leitet das Museum, realisiert wurde es u. a. mit deutschem Geld. *Prol. Libertad 1229, Ecke vom Parque de la Memoria | Mo–Fr 9–13, 15–17 , Sa 9–13 Uhr | Eintritt 2 S/ inkl. Führung | anfasep.org.pe/museo-de-la-memoria | ⏲ 45 Min.*

Erinnerung an die Zeit des Terrors: Museo de la Memoria in Ayacucho

ESSEN & TRINKEN

VIA VIA CAFÉ

Von der Terrasse des besten Restaurants von Ayacucho hat man einen schönen Blick auf die Plaza. Umfangreiche Karte, günstige Mittagsmenüs (Mo–Fr); im Eingangsbereich wird leckeres Eis verkauft. Wer möchte, kann hier auch übernachten. *Tgl. | Portal Constitución 04, Plaza de Armas | Tel. 066 31 28 34 | viaviacafe.com/en/ayacucho | €€*

VERANSTALTER

A & R TOURS

Erfahrene Ausflugsagentur für Stadtführungen mit historischem Hintergrund und mehrtägige Ökotouren in die Umgebung. *Jr. 9 de Diciembre 130 | Tel. 066 31 13 00 | viajesartours.com*

RUND UM AYACUCHO

1 WARI (HUARI)

22 km/30 Min. von Ayacucho (Auto oder Sammeltaxi)

Die Ausgrabungsstätte der ehemaligen Hauptstadt der Wari (600–1200 n. Chr.) kann im Rahmen eines halbtägigen Ausflugs besucht werden. Mit rund 2000 ha war sie eine der größten Stadtanlagen von Alt-Peru und vermutlich von 60 000 Menschen bewohnt. Das Ortsmuseum *(tgl. 8–17 Uhr | Eintritt 3 S/. | 30 Min.)* stellt Keramiken und andere Fundstücke aus. 15 km nördlich wird der kleine, malerische Ort *Quinua* erreicht, der für seine Töpferarbeiten bekannt ist. Auf vielen Dächern sieht man Motive aus Ton, etwa kleine Kirchen, die vor bösen Geistern schützen sollen. Ein 3 km entfernter weißer Obelisk markiert die Stelle der Unabhängigkeitsschlacht von Ayacucho im Jahr 1824. *E9*

ICA

(D9) **Das 1536 unter dem Namen *Villa de Valverde* gegründete heutige Zentrum des peruanischen Weinanbaus liegt 300 km von Lima entfernt in Küstennähe.**

Dank seiner guten Infrastruktur entwickelt sich Ica (240 000 Ew.) zum Ausgangspunkt für die Sehenswürdigkeiten der Umgebung: Die Oase *Huacachina* liegt gleich um die Ecke bzw. hinter einer großen Sanddüne. Zur *Halbinsel Paracas* mit den vorgelagerten *Islas Ballestas* ist es von Ica ca. eine Busstunde (80 km). Auch die *Linien von Nazca* (180 km) haben die Ausflugsagenturen im Programm.

SIGHTSEEING

CASONA DEL MARQUÉS DE TORRE HERMOSA

Der Palast wird, seit ihn Südamerikas Befreier Simón Bolívar auf der Durchreise in Ica bewohnte, auch *Casa Bolívar* genannt. *Calle Libertad/Pl. de Armas*

MUSEO REGIONAL DE ICA „ADOLFO BERMUDEZ JENKINS"

Im Museum sind u.a. Mumien und verformte Menschenschädel der Paracas- und Nazca-Kultur ausgestellt, viele mit Spuren chirurgischer Eingriffe. *Jr. Ayabaca 895 (zw. Tupac Amarú und J. J. Elias) | Mo–Fr 8–19, Sa/So 8.30–18.30 Uhr | Eintritt 7,50 S/. | 1 Std.*

BODEGA TACAMA

Das älteste Weingut (seit 1540!), das auch Pisco herstellt, liegt 10 km nordöstlich von Ica. *Av. Camino Real s/n, La Tinguiña | Besichtigung und Verkostung ab 15 S/. | Di–So 9.30–17 Uhr | Tel. 056 58 10 30 | tacama.com*

ESSEN & TRINKEN

HUARANGO GRILL

Beliebter Familientreff, abends Karaokebar (im Obergeschoss). Spezialität sind gegrillte Hähnchen. *Tgl. ab 12.30, Bar ab 20 Uhr | Av. San Martín/Abraham Valdelomar | Tel. 056 22 16 49 | €*

SHOPPEN

PLAZA DEL SOL

Supermärkte, Kaufhäuser, Boutiquen, Banken, Restaurants und ein Kino. *Geschäfte tgl. bis 22 Uhr | Av. San Martin 727–763 | plazadelsol.pe/ica*

SAMACA

INSIDER-TIPP **Alles bio oder was?**

Laden einer Biofarm, der dort produzierte Kräuter, Marmeladen, getrocknete Mangos und Olivenöl sowie Biotextilien anbietet. *Tejada 510 | Mo–Sa 8–20, So 9–18 Uhr | samacaorganico.pe*

SPORT & SPASS

SANDBUGGY/SANDBOARDING

Adrenalingeladene Ausfahrten in offenen Geländewagen *(areneros)* beginnen um 10 und 16 Uhr in Huacachina. Unterwegs wird gehalten, um auf Sandboards die Dünen hinabzurauschen – eine Surfalternative für Wasserscheue. Alle Hotels in Huacachina bieten solche Touren an.

RUND UM ICA

2 OASIS DE LA HUACACHINA

3 km/10 Min. von Ica (Mototaxi/Taxi)

INSIDER-TIPP **Wie im Märchen**

Sieht aus wie die Sahara, ist aber eine märchenhaft schöne Oase direkt hinter Ica. Rund um die braungrün schimmernde Lagune wachsen Dattelpalmen und Johannisbrotbäume, auf dem See kannst du Tretboot fahren und morgens und abends (mittags ist der Sand extrem heiß!) die 200 m hohen Sanddünen hochkraxeln. Vom Kamm der Dünen ist die Oase das perfekte Fotomotiv. Fehlen nur noch die Kamele! Der Name Huacachina erinnert an den heiligen Ort *(huaca)* einer Frau *(china)*, die so viele Tränen um ihren verstorbenen Geliebten weinte, dass diese eine Lagune bildeten. Leider ist der Wasserspiegel der Lagune, die von einem unterirdischen Fluss gespeist wird, durch den hohen Wasserbedarf der nahen Großstadt ziemlich gesunken. Inzwischen muss Wasser in die Lagune gepumpt werden, um den Pegel zu halten. *D9*

3 PARACAS/ISLAS BALLESTAS

75 km/1½ Std. von Ica (Bus))

Mondlandschaft, Wellen, starke Winde: So sieht es auf der ★ Halbinsel

Spektakulär von Sanddünen umgeben: Oase Huacachina bei Ica

Geheimnisvolle Nazcalinien: Der Marsmensch ist vor allem aus der Luft gut zu erkennen

Paracas aus. 35 Prozent des Schutzgebiets *(Reserva Nacional)* sind Festland, 65 Prozent Meer. Seinen Namen hat das Reservat den starken Küstenwinden *(paracas)* zu verdanken. Im Infozentrum am Eingang erfährst du mehr über Gegend und Geschichte. Vom Hafen fahren Schnellboote (tgl. 8–11 Uhr) zu den *Islas Ballestas,* wo du Seelöwen, Pinguine und Seevögel beobachten kannst. Auf dem Weg kommst du an der 3000 Jahre alten Felszeichnung *El Candelabro* vorbei, die aussieht wie ein Kronleuchter.

NAZCA

(E10) **Eine geheimnisvolle Welt umgibt das ziemlich unscheinbare Städtchen (55 000 Ew.), das 140 km südlich von Ica in der Pampa Colorada an der Panamericana liegt.** Diese Pampa durchziehen über ein Gebiet von rund 700 km² die weltberühmten *Linien von Nazca*: 1000 Jahre alte Geoglyphen, die aus der Bodenperspektive nicht viel mehr als Wege zu sein scheinen, aus der Luft aber die Umrisse von Tieren und anderen Figuren oder Ornamente zu erkennen geben. In der Nähe von Nazca liegen auch die 2300 Jahre alten Zeichen von Palpa, das Gräberfeld Chauchilla und uralte, unterirdische Leitungen zur Feldbewässerung.

ESSEN & TRINKEN

LOS ANGELES

Familiäres Restaurant mit großer Speisekarte und guten vegetarischen Gerichten. Das Personal gibt gern Infos zu Stadt und Region. *Tgl. | Bolognesi 266 | Tel. 956 25 10 33 | €€*

EL PORTÓN

Im schönen Garten kannst du bei der Zubereitung der Steaks auf dem Grill zusehen; große Portionen! *Tgl. | Ignacio Moresky 120 | Tel. 056 52 34 90 | elportonrestaurante.com | €€*

SHOPPEN

EL TALLER CALLE

Im Laden der Familie Calle kann man miterleben, wie auf traditionelle Weise getöpfert wird, und schöne Keramik erwerben. *Pasaje Torrico 240 | Barrio de San Carlos*

RUND UM NAZCA

4 CAHUACHI

24 km/1 Std. von Nazca (Taxi oder organisierte Tour)

Früher war dieser Ort vermutlich ein Spiritualzentrum der Nazca-Kultur mit riesigen Tempelanlage mit Pyramidenstrukturen, heute kannst du ihn dank der (noch andauernden) Arbeit der Archäologen besuchen. Spannend sind vor allem die Einzelfunde: Textilien, Metallgefäße, Keramik. *Tgl. 9–16 Uhr | Eintritt frei | 1 Std. | E10*

5 LINIEN VON NAZCA ★

20 km/40 Min. von Nazca (Auto)

Die Scharrbilder im Boden der Pampa Colorada entdeckten 1926 zwei amerikanische Archäologen, bekannt aber wurden sie durch die Deutsche Maria Reiche, die ihr Leben der Erforschung der Linien widmete. Insgesamt zählte man über 100 geometrische Figuren wie Spiralen, Linien oder trapezförmige Flächen und rund 30 Menschen- oder Tierzeichnungen – alle ca. 2000 Jahre alt, alle immer noch unentschlüsselt. Maria Reiche hielt sie für eine Art astronomischen Kalender. Inzwischen sehen die meisten Wissenschaftler in den Linien Relikte eines Wasserkults. Die größte Figur ist ein abstrahierter Vogel mit gewundenem Hals (110 m lang), die schönste der 70 m große Affe, die drolligste der Marsmensch mit den kugelrunden Augen.

INSIDER-TIPP
Besuch aus dem All?

An der Panamericana Sur (km 421,3, 25 km vor Nazca) liegt das *Casa Museo Maria Reiche (Caserío la Pascana | San Pablo | Mo–Fr 9–19, Sa 8.30–18.30, So 9–13 Uhr | Eintritt 10 S/. | 45 Min.)*, in dem ihre Arbeit dokumentiert ist. Vom Flughafen Maria Reiche, 4 km südl. von Nazca, finden Rundflüge statt. Tickets bei Agenturen und vielen Hotels. Empfehlenswerte Airlines: *Alas Peruanas, Air Majoro* und *Aerodiana*. Preis nach Saison US$ 100–130 *(Flugdauer 30 Min.), Palpa-Linien* ca. US$ 200 *(50 Min.)*. Der Preis enthält den Transport vom/zum Hotel; Reisepass mitbringen, sonst darfst du nicht fliegen! Frühmorgens ist die Sicht am besten, weil es später immer staubiger wird. Für Eilige gibt's bei km 420 einen Aussichtsturm *(tgl. 8–17 Uhr | Eintritt 3 S/.)* – doch viel sieht man aus dieser Perspektive nicht. *E10*

6 PALPA

50 km/45 Min. von Nazca (mit dem Bus über die Panamericana)

Weitere 1500 Geoglyphen, die meisten aus der späten Paracas-Periode (300 v. Chr.) sowie etwa 650 archäologische Stätten breiten sich unweit von Nazca bei Palpa aus. Auch Maria Reiche hat sie schon studiert. 2006 wurden einige restauriert und ein Museum eröffnet. *Panamericana Sur, km 395 | E10*

7 CHAUCHILLA

25 km/45 Min. von Nazca (Taxi oder organisierte Tour)

Mit seinen offenen Schaugräbern, in denen Knochen und gut konservierte, rund 1000 Jahre alte Mumien der Poroma-Kultur belassen wurden, umgibt das Gräberfeld eine gespenstische Atmosphäre. Windumtost liegt es südlich von Nazca. *Tgl. 8–18 Uhr | Eintritt 8 S/. | 1 Std. | E10*

AREQUIPA

(G11) **Die lebhafte Universitätsstadt breitet sich auf einer sonnigen Südterrasse der Anden (2335 m) vor dem grandiosen Panorama von Vulkankegeln aus.**

Bei klarem Wetter sieht man die Kegel des Misti (5825 m) und des schneebedeckten Chachani (6075 m) von überall in der Stadt hinter den Klöstern und Kirchen aufragen. Seit 2000 ist das Zentrum von Arequipa Unesco-Weltkulturerbe. Gegründet wurde die Provinzmetropole 1540 von Pizarros Kampfgefährten und späterem Gegenspieler Diego Almagro. Arequipa wird wegen des häufig als Baumaterial verwendeten hellen Tuffsteins auch *Ciudad Blanca* („weiße Stadt") genannt. Zu Wohlstand kam sie 1870 mit dem Bau der Eisenbahnlinie von Puno nach Mollendo. Selbst die häufigen, z. T. verheerenden Erdbeben konnten die Entwicklung nicht stoppen. Gut 1 Mio. Menschen leben heute in Arequipa, überwiegend vom Handel und der Landwirtschaft im Tal des *Río Chili* und zunehmend auch vom Tourismus. Die Besucher kommen, um den schönen kolonialen Stadtkern zu sehen, aber auch, um in den vielen Cafés und Kneipen das Flair einer weltoffenen Stadt zu genießen und in der Umgebung Rafting- oder Bergtouren zu unternehmen.

SIGHTSEEING

MUSEO SANTUARIO ANDINOS

Hier ruht in einem Kühlsarg aus Glas die tiefgefrorene Mumie der „Juanita", die 1995 im ewigen Eis des Vulkans Ampato entdeckt wurde. Das 13- bis 14-jährige Inkamädchen kam aus einer vornehmen Adelsfamilie und wur-

WOHIN ZUERST?

Geh zu Fuß ins Kloster Santa Catalina, plane dafür unbedingt einen halben Tag Zeit ein. Hinter farbenfrohen Mauern erwartet den Besucher ein Labyrinth aus Gängen und Räumen. Fotomotive lauern hinter jeder Kurve!

de unterhalb des Gipfels des Nevado Ampato auf 6000 m Höhe den Göttern geopfert. *Calle La Merced 110 | Mo–Sa 9–18, So 9–15 Uhr | Eintritt 20 S/. | 2 Std.*

LA COMPAÑÍA

Die Kirche (1660) mit der tropisch bunt dekorierten Kapelle San Ignacio übertrifft alle anderen der Stadt an Pracht. Auf der Fassade tummeln sich Kakteen, Muscheln, Trauben, der doppelköpfige Adler des Habsburger Wappens, eine Raubkatze und das Datum der Fertigstellung der Kirche. Hast du's entdeckt? Innen blinken vergoldete Altäre. *In der Südecke der Plaza de Armas | Mo–Fr 9–12, 15–18, Sa 11.30–12.30, 15–18, So 9–12.30, 17–18 Uhr | Eintritt für die Kapelle St. Ignatius 4 S/. | 30 Min.*

LA CATEDRAL

Die im neoklassischen Stil 1844 errichtete Kathedrale (*Mo–Sa 10–17 Uhr | Eintritt 10 S/. | 45 Min.*) breitet sich über 100 m Länge an der Plaza de Armas aus. Der Ursprungsbau von 1656 fiel einem Brand zum Opfer. Innen ein Altar aus Carrara-Marmor.

INSIDER-TIPP
Alles im Blick

Den schönsten Blick auf die Kathedrale hast du vom Dachterrassencafé des *Suites Plaza Hotels* *(Portal de Flores)*. Zum Sonnenuntergang kann es voll werden, also komm lieber schon zu Kaffee und Kuchen!

SANTA CATALINA

Eine komplette kleine Stadt hinter Klostermauern: verwinkelte Gassen, Zellen, winzige Gärten, Andachtsstuben. Das 20 000 m² große Gelände ist

Arequipas grünes Zentrum: die Plaza de Armas mit der Kirche La Compañía

Arequipas größte Attraktion. 1579 von der Witwe eines angesehenen Bürgers gegründet, ist ein kleiner Teil bis heute von Dominikanernonnen bewohnt. Der Rest ist zugänglich. Innen gibt es auch eine Cafeteria mit Garten. *Santa Catalina/Ugarte | tgl. 9–17, Di und Do bis 20 Uhr | Eintritt 35 S/., Führung (⏲ 1 Std., auch auf Dt.) 40 S/. | santacatalina.org.pe | ⏲ 2 Std.*

PLAZA SAN FRANCISCO/ MUSEO HISTÓRICO MUNICIPAL

Der baumbeschattete Platz um die Kirche *(Mo–Sa 9.30–12 und 16–20 Uhr | Eintritt frei)* wurde durch die Ansiedlung des Kunstgewerbemarkts im gegenüberliegenden *Fundo del Fierro* (1804) zu einem kleinen Kulturtreffpunkt. Hier liegt auch das *Museo Municipal* (Archäologie, Stadtgeschichte, *Mo–Fr 9–16, Sa/So 9–13 Uhr | Eintritt 10 S/. | ⏲ 30 Min.)*. In der Nachbarschaft finden sich gute Restaurants.

LA RECOLETA

Sehenswert im Franziskanerkloster La Recoleta sind die Bibliothek mit ihren rund 20 000 Bänden (darunter ein Dokument von 1494 und eine Ausgabe des „Don Quijote" von 1616!), das *Religiöse*, das *Präkolumbische* sowie das *Amazonas-Museum. Recoleta 117 | Mo–Sa 9–12, 15–17 Uhr | Eintritt 10 S/. | ⏲ 1 Std.*

ESSEN & TRINKEN

EL CAMARONCITO

Schlemmerparadies in zentraler Lage für die Freunde von Fisch und Meeresfrüchten. *Jr. San Francisco 303 A | Tel. 054 20 43 42 | €€–€€€*

CHICHA

Spezialitätenrestaurant des Kochgurus Gastón Acurio. *So nur bis 18 Uhr | Santa Catalina 210, in der Casona de Santa Catalina | Tel. 054 28 73 60 | €€€*

Erstklassiges Restaurant in unscheinbarer Gasse: La Nueva Palomino

CREPISIMO

Riesige Auswahl an Crêpes, drinnen oder draußen im Innenhof des Kulturzentrums *Alianza Francesa*. Probier mal die Teilchen aus Quinoamehl! *Tgl. 8–24 Uhr | Santa Catalina 208 | Cercado | crepisimo.com | €–€€*

LA NUEVA PALOMINO

INSIDER-TIPP
Futtern wie bei Muttern

Picantería heißen einheimische Läden wie dieser schöne hier: riesige Portionen, die Auswahl ist klassisch mit Gerichten aus Arequipa. Sonntags wird es proppenvoll, weil dann alle Arequipeños hier essen gehen. Im Garten kannst du unter Avocadobäumen sitzen. Wenn du Meerschweinchen probieren willst, bestell *cuy chactado! Tgl. 12–18 Uhr | Pasaje Leoncio Prado 122 | Yanahuara | Tel. 054 252393 | €–€€*

TRADICIÓN AREQUIPEÑA

Große Portionen und frische Zutaten – die beste Adresse für Freunde lokaler Küche. *Tgl. | Av. Dolores 111 | Tel. 054 42 64 67 | €€*

EL TURCO I

Döner macht schöner! Außerdem leckere Shish Kebabs, Humus, Falafel und andere arabische Spezialitäten. Tgl. 9–24 Uhr | *San Francisco 223 | Tel. 959 74 02 91 | elturko.com.pe | €–€€*

ZIG ZAG

Kreative Fusionsküche, z.B. „Fleisch vom Stein", u.a. Alpaka, dazu ein Potpourri an Crêpes, auch Vegetarisches. *Tgl. | Zela 210 | Tel. 054 20 60 20 | zigzagrestaurante.com | €€–€€€*

SHOPPEN

CASONA DE SANTA CATALINA

Auf Touristengeschmack abgestimmter Einkaufskomplex in kolonialem Ambiente. Hier findest du u.a. Alpakaprodukte, Weine und Pisco, Schmuck, Kunsthandwerk und Lederhüte. *Santa Catalina 210 | tgl. 9–21 Uhr | santacatalina-sa.com.pe*

SPORT & SPASS

STADTRUNDGÄNGE

Gegen ein Trinkgeld kannst du mit *Free Walking Tours* durch Arequipa schlendern und die Stadt und nette Leuten kennenlernen. Führungen auf Spanisch und Englisch. Treffpunkt Santa Catalina 204 (im *Chaqchao Choco Museum*). *Tgl. 10 und 15 Uhr | Dauer 2–3 Std. | freewalkingtoursperu.com/arequipa*

RAFTING

Über wilde Wellen saust du mit *Cusipata Viajes y Turismo*, einer Agentur, die sich auf Rafting- und Kayaktouren spezialisiert hat. Im Programm sind auch Reitausflüge. *Jerusalén 402 | Tel. 054 20 39 66 | cusipata.com*

WANDERN

Pablo Tour ist ein erfahrener Anbieter von Trekkingtouren im Colca-Cañon, der dir Satellitentelefon und detaillierte Karten der Region mit auf deine Wanderung gibt. Auch Mountainbiketouren, Klettern und 4x4-Touren in den Cotahuasi-Cañon. *So geschl. | Jerusalén 400 AB-1 | Tel. 054 20 37 37 | pablotour.com*

Alltag im Andenhochland: Eine Alpakaherde grast im Cañón del Colca

AUSGEHEN & FEIERN

CASONA FORUM

Im Vergnügungszentrum der Stadt gibt's die Disko *Forum* und die gut besuchten Pubs *Zero, Retro, Terrasse* und die *Chill out Sofá Bar. Do–Sa ab 20 Uhr (Fr/Sa Livemusik) | Eintritt 10–15 S/. | San Francisco 317 | casonaforum.com*

FROG'S BAR

Einfach nur etwas trinken oder doch lieber in der Disko mit angesagtem DJ-Mix tanzen? Hier ist beides drin. Auch Livekonzerte (s. Homepage). *Calle Zela 216 | Cercado | Tel. 054 20 15 36 | frogslive.com*

INSIDER-TIPP
Kaffee mit Schuss

MONTRÉAL – LE CAFÉ ART

Livemusik (Mi–Sa), gepflegte Drinks – unbedingt probieren: Kaffee mit Likör! – und gute Stimmung findest du in diesem Bohemecafé in einem Gewölbekeller. 17–23 Uhr Happy hour. *Tgl. | Ugarte 210 | Tel. 054 20 66 52 | facebook: Le Café Art Montreal*

RUND UM AREQUIPA

8 CAÑÓN DEL COLCA ★

150 km/3–4 Std. von Arequipa (Bus)

Die gewaltige Schlucht des *Río Colca* gehört zu den großen landschaftlichen Erlebnissen in Peru. Malerisch eingerahmt ist der Canyon von 6000 m hohen Vulkanen. Die Ausflüge führen über den 5000 m hohen Pass bei Patapampa zum Aussichtspunkt *Mirador de los Volcanes*, wo du einen fantastischen Blick auf die umliegenden Vulkane hast. Beeindruckend ist der Sabancaya (5976 m), aus dem ab und an Rauchfahnen steigen. Nur wenige Minuten später eröffnet sich hinter einer der Kurven ein Panoramablick auf das ca. 1000 m tiefer gelegene Colcatal. Es dauert nun noch einmal 45 Minuten bis Chivay, dem Hauptort des Tals. Hier ist das Eintrittsgeld *(Boleto Turístico del Colca)* von 70 S./ zu zahlen. Höhepunkt der Tour ist die Fahrt zum *Cruz del Condor* und dem *Mirador de Tapay,* wo du weit über die rund 100 km lange Schlucht blicken und nicht selten auch Kondore im Gleitflug beobachten kannst. Westlich liegt der Ort *Cabanaconde.* Hier beginnen mehrtägige Wanderungen in den Cañon, die man vor Ort oder in Arequipa buchen kann. *G10*

PUNO/ TITICACASEE

(H10) **Puno, Perus „Folklorehauptstadt" (3855 m), liegt am Westhang einer Bucht des Titicacasees, vor Augen ein Schilfgürtel, dessen Material den Uros, den Bewohnern der schwimmenden Inseln *(Islas Flotantes),* zum Ausbessern ihrer Wohninseln dient. Nie von den Inka bezwungen, leben die Uros auch heute noch hier. Im Rücken der Stadt erhebt sich der Hausberg Huajsapata mit dem Denkmal des ersten Inka Manco Capac.**

Der Legende nach kam er mit Mama Ocllo von der Sonneninsel im See (auf bolivianischer Seite) und ging in der Bucht von Puno an Land, um von hier aus einen Platz für die Hauptstadt seines Reichs zu finden. An die Präsenz der Inka erinnern nahe bei Puno auch die runden Grabtürme des archäologischen Komplexes von Sillustani.

Den Mangel an eigenen Attraktionen macht die 1668 gegründete Stadt (120 000 Ew.) durch allerlei folkloristische Aktivitäten wieder wett: Neben der *Fiesta de la Virgen de la Candelaria* zu Mariä Lichtmess (im Februar) haben sich der *Karneval* und die zu Ehren von Manco Capac gefeierte *Puno-Woche* (1.–7. Nov.) zu Touristenmagneten entwickelt.

SIGHTSEEING

MUSEO DE LA COCA

Alles Wissenswerte über Koka, die alte, heilige Pflanze der Anden – vom Anbau über die Verwendung in Coca Cola bis zur Herstellung von Kokain –, erfährst du in diesem kleinen Museum. *Mo–Sa 9–19, So 13-19 Uhr | Eintritt 5 S/. | Llave 581, 2. Stock | museodelacoca.com | 30 Min.*

ESSEN & TRINKEN

LA CASONA

In diesem antik dekorierten Lokal kannst du aus einer viersprachigen Menükarte (auch Dt.) wählen. *Tgl. | Jr. Lima 423, 2. St. | Tel. 051 35 11 08 | lacasona-restaurant.com | €–€€*

GIORGIO

Italienische und peruanische Küche. Groß ist die Auswahl bei der typischen

Landeskost. *Tgl., ab 18 Uhr Livemusik | Jr. Lima 430 | Tel. 051 36 77 71 | restaurantegiorgio.net | €€–€€€*

MOJSA

Hier gibt's Alpaka, Lamm, Salate, Ceviche und … ach, eigentlich alles, auch Kuchen und Biokaffee. Die Speisekarte ist üppig. Vom Balkon hast du einen schönen Blick auf die Plaza. *Tgl. | Lima 635, Plaza de Armas, 2. Stock | mojsarestaurant.com | €€–€€€*

VERANSTALTER

EDGAR ADVENTURES

Engagierte Agentur, die neben den klassischen Ausflugszielen neue Touren in der Region rund um Puno in Form von Wanderungen, Reitausflügen oder Kayaktouren anbietet. Besitzer Edgar spricht Deutsch. *Jr. Lima 328 | Tel. 051 35 34 44 | edgaradventures.com*

INSIDER-TIPP
Hauptsache sportlich!

RUND UM PUNO/ TITICACASEE

9 ISLAS FLOTANTES ★

5 km von Puno im See (Boot)

Von den legendären dunkelhäutigen Uros, die sich selbst *Kotsuña* (Seemenschen) nannten und die die Inka nie unterwerfen konnten, blieben Siedlungen auf rund 40 schwimmenden Inseln, auf denen heute noch jeweils 30–50 Uro-Nachfahren leben. Um die Tradition des Schilfinselbaus am Leben zu erhalten, richtete man auf der 64 × 36 m großen *Totani Pata* und auf dem *Wuaca-Wuacani*-Inselkomplex Schulen ein, in denen diese Kunst überliefert wird. Die vielen Touristen, die heute die Inseln besuchen wollen, lassen die Bewohner ein wenig zu Statisten verkommen. Authentisch ist etwas anderes. Sehenswert sind die Inseln trotzdem. *Rundfahrt mit dem Boot ca. 2 Std. 10 S/. | Eintritt Inseln 8 S/. | H10*

10 ISLA DE TAQUILE

40 km von Puno im See, 1 Std. mit dem Boot

Alte Terrassenanlagen, auf denen u. a. Kartoffeln angebaut werden, Ruinenstätten der *Pukara-Kultur* (um 1500 v. Chr.) und religiöse Feste verzaubern die Insel im Titicacasee. Obwohl nur 1 km breit und 7 km lang, ist sie heute von rund 2200 Menschen bewohnt. Die Bewohner der Insel leben wie vor Jahrhunderten nach eigenwilligen Regeln des Zusammenlebens. Mit einem guten Guide erfahren Sie mehr zur Tracht der Single-Frauen oder verheirateten Männer. Typisches Souvenir sind die rotweißen Textilarbeiten. Bleib, wenn möglich, unbedingt eine Nacht auf der Insel. Erst wenn die Touristenscharen davongefahren sind und der Mond über dem See aufgeht, kannst du etwas von der Magie spüren, die diesen Ort umgibt.

INSIDER-TIPP
Bleiben, wenn andere gehen

Die Schwesterinsel *Amantani* ist noch weniger von Touristen besucht und bietet mit ihren Homestay-Angeboten eine Möglichkeit, mit den Einwohnern Direktkontakt aufzunehmen. *Hin- und Rückfahrt 25 S/.* | H10

11 CHUCUITO/INCA UYO

18 km/30 Min. von Puno (Auto)

In dem Fischerdorf (3890 m) am Titicacasee wurde in den 1970er-Jahren ein präkolumbisches Zeremonialzentrum mit phallusähnlichen Säulen gefunden. Es diente vermutlich der Beobachtung des für die Aussaat günstigen Sonnenverlaufs sowie einem Fruchtbarkeitskult. Der *Inca Uyo* (auch „Phallischer Tempel" genannt) ist in einen rechteckigen Komplex eingebettet. Die Ausgrabungsstätte liegt gegenüber der ältesten Kirche auf dem Altiplano, der 1534 erbauten *Iglesia Santo Domingo.* H10

12 SILLUSTANI

25 km/1 Std. von Puno (Bus oder Taxi)

Die wichtigste Begräbnisstätte der Aymara- (oder *Colla-*)Kultur liegt am Ufer der *Laguna Umayo* auf der Halbinsel Sillustani. Um 1200 errichteten die Aymara runde *chullpas*, Begräbnistürme für bedeutende Persönlichkeiten und deren Familien, ein Brauch, den die Inka nach der Eroberung des Gebiets (1445) fortsetzten. Als Grabbeigaben wurden kostbare Kleidung, Schmuck und andere Gegenstände gefunden. Nur neun der 35 erhaltenen *chullpas* stammen noch aus der Aymarazeit, darunter wohl auch die größte, die *Chullpa del Lagarto* (über 12 m). Ein Museum zeigt diverse Grabungsfunde. *Tgl. 8–17 Uhr | Eintritt 15 S/.* | *1 Std.* | H10

Begrüßungskomitee für die Besucher der schwimmenden Schilfinseln im Titicacasee

CUZCO

(🕮 G9) **Als die Spanier 1533 in ★ Cuzco einritten, waren sie vom Glanz der Stadt überwältigt: Den „Platz der Freude" *(Huacaypata)*, heute *Plaza de Armas*, umspannte eine 250 m lange Goldkette.** Dahinter erhoben sich Paläste mit goldenen Türrahmen und Gold- und Silberblechverzierungen, die nur so in der Sonne funkelten. Inzwischen ist alles, was einschmelzbar war, verschwunden. Geblieben sind koloniale Kirchen, die die Eroberer auf den Steinen der Inkatempel errichteten. So entstand im Zentrum eine in Lateinamerika einzigartige, präkolumbisch-koloniale Mischarchitektur, die 1983 Unesco-Weltkulturerbe wurde. Cuzco (ca. 500 000 Ew.) liegt auf 3430 m Höhe im Huantanaytal. Von seiner früheren Bedeutung als Inkametropole zeugen viele Bauwerke in der Umgebung bis ins Tal des Río Urubamba, das „Heilige Tal der Inka" *(Valle Sagrado)*, wo sich auch *Machu Picchu* versteckt. Cuzco ist Ausgangspunkt für Wanderungen um die Schneeberge Salkantay und Ausangate sowie zu den Inkaruinen von Choquequirao.

WOHIN ZUERST?

Die zentrale Plaza de Armas ist gut zu Fuß zu erkunden. Geschichtsinteressierte betreten die Kathedrale und steigen auf den Turm der Kirche La Compañía, um einen guten Blick über die Stadt zu erhalten.

SIGHTSEEING

Den Besuch der meisten Sehenswürdigkeiten ermöglicht das *Boleto Turístico* (Touristenticket) für 130 S/. bzw. 70 S/. (ermäßigt). Es ist 10 Tage gültig und nicht übertrag- oder verlängerbar. Wer sich nur für bestimmte Sehenswürdigkeiten interessiert, kommt mit den *Boletos Parciales* günstiger weg. Sie kosten 70 S/., Kinder unter 8 Jahren zahlen nichts. *Bezugsadresse: COSITUC | Av. Sol 103, Of. 102 | tgl. 8–18 Uhr | Tel. 084 26 14 65 | cosituc.gob.pe*

LA CATEDRAL

Die Kathedrale mit ihrem Mischstil aus Renaissance und Barock wurde zum Vorbild vieler Kirchen im peruanisch-bolivianischen Hochland. Pizarro ließ sie 1556 auf dem Wiraqocha-Tempel errichten. Ein Erdbeben verzögerte den Bau bis 1650. Dem Señor de los Temblores (dem „Herrn der Erdbeben") ist eine Kapelle mit dunkler Christusfigur gewidmet. 372 Gemälde schmücken die Kirche; für die Glocke María Angola wurden angeblich 6 t einer Bronze-Gold-Legierung verwendet, für den Altar 1 t Silber. *Plaza de Armas | Mo–Sa 10–18, So 14–18 Uhr | Eintritt 25 S/. (nicht im Boleto Turístico enthalten) | ⏲ 30 Min.*

MUSEO ARTE RELIGIOSO

Mit dem maurischen Balkon, dem spanischen Portal und dem mit *azulejos* (Sevillaner Kacheln) geschmückten Arkadenhof ist der frühere Erzbischöfliche Palast einer der schönsten Kolonialbauten Cuzcos. Im Museum sind Werke der Schule von Cuzco zu

sehen. *Hatunrumiyoc/Herrajes | Mo–Sa 8–18, So 10–18 Uhr | Eintritt 15 S/.*

IGLESIA DE SAN BLAS

Die aus einem Stück geschnitzte Kanzel aus Zedernholz ist ein Meisterwerk des indigenen Künstlers Juan Tomás Tuirutupa. Er soll sie als Dank für seine Heilung von der Lepra geschaffen haben. *Carmen Bajo | Mo–Sa, 8–18, So 10–18 Uhr | Eintritt 15 S/.*

MUSEO DE LA COCA

Uralt und heilig ist die Kokapflanze in Peru und Bolivien. Hier erfährst du alles über Geschichte, Anbau, Verwendung als Heilpflanze und Weiterverarbeitung zur Droge. In einem Shop kannst du legale Kokaprodukte wie Kokabonbons, Likör etc. kaufen. *Tgl. | Calle Palacio 122 | Eintritt frei*

CASA CONCHA

In dem Kolonialgebäude nahe der Plaza sind Fundstücke aus Machu Picchu ausgestellt, die dem Staat Peru nach fast 100 Jahren von der Yale-Universität (USA) zurückgeben wurden. *Calle Santa Catalina Ancha 320 | Mo–Sa 9–17 Uhr | Eintritt 20 S/. | 30 Min.*

LA COMPAÑÍA

Die Jesuitenkirche (1571–1668) mit der prächtigen Fassade erhebt sich auf den Ruinen des *Amaru-Kancha*-Palasts („Hort der Riesenschlangen"). Blickfang sind die goldenen Altäre. Auf einem Fresko (16. Jh.) hinterm Eingang ist die Vermählung des Gouverneurs von Chile mit einer Inkaprinzessin festgehalten. *Plaza de Armas | tgl. 9–11.30, 13–17 Uhr | Eintritt 15 S/. (nicht im Boleto Turístico enthalten)*

CHOCOMUSEO

Nettes Museum, das alle Fragen zu Kakao und Schokolade beantwortet. Zu sehen sind eine kleine Fabrik, die Fairtrade-Biokakao zu Schokolade verarbeitet, ein Laden und ein Café, in dem man u.a. Schokoladenfondue bekommt. *Calle Garcilaso 210, 2. St. | tgl. 8–20 Uhr | Eintritt frei | chocomuseo.com | 45 Min.*

INSIDER-TIPP
Leckermäuler, hereinspaziert!

MUSEO INKA/CASA DEL ALMIRANTE

Das Museum führt Besucher durch die verschiedenen Epochen Cuzcos. An die *Casa del Almirante* (das Haus des Admirals) erinnert nur noch der Eingang mit dem verzierten Portal. *Cuesta del Almirante 103 | Mo–Fr 8.30–17.30, Sa/So 9–16 Uhr | Eintritt 10 S/. | 1 Std.*

MUSEO DE ARTE PRECOLOMBINO

Präkolumbischer Gold- und Silberschmuck, Keramik, Knochen-, Muschel- und Holzarbeiten. Auch das gute Restaurant *MAP Café (Tel. 084 24 24 76 | €€)* lohnt einen Besuch. *Casa Cabrera | Plazoleta de las Nazarenas 231 | tgl. 9–22 Uhr | Eintritt 20 S/. | map.museolarco.org | 30 Min.*

SACSAYHUAMÁN

Die Festung, von den Inka auch „Haus der Sonne" genannt, liegt wie eine Bühne etwa 200 m höher als der rund 3 km entfernte Stadtkern. Die mächtige Zickzackmauer entspricht etwa dem Gebiss des Pumas, dessen Umrisse das alte Qosqo (Cuzco) trug. Der Platz wird heute zur Sonnenwende für das Kostümfest *Inti Raymi* genutzt. *3 km nordöstlich von Cuzco | tgl. 7–17 Uhr | Eintritt im Boleto Turístico General enthalten | 1½ Std.*

SANTO DOMINGO/ CORICANCHA ★

Das größte Heiligtum der Inka, der Sonnentempel *Coricancha,* die Kolonialkirche und das Dominikanerkloster bilden gemeinsam einen Komplex. Im Hof sind vier Tempelkammern erhalten. Davor soll ein goldener Garten gelegen haben, in dem goldene Hirten 20 goldene Lamas hüteten, die goldenes Gras fraßen ... *Mo–Sa 8.30–17.30, So 14–16 Uhr | Eintritt 10 S/. | 2 Std.*

ESSEN & TRINKEN

CICCIOLINA

Wohlfühl-Ambiente in geschmackvoll eingerichtetem Restaurant und seiner gemütlichen Tapasbar. Internationale Küche, gute Weinauswahl und selbstgebackenes Brot zum Frühstück. *Tgl. ab 8 Uhr | Triunfo 393, 2. St. | Tel. 084 23 95 10 | cicciolinacuzco.com | €€€*

CREPERÍA LA BO'M

INSIDER-TIPP
Was fürs Herz

Diese Crêperie ist sowas von urig und bunt und der Service so sagenhaft freundlich, dass du den ganzen Tag bleiben möchtest. Auf der Karte stehen süße und salzige Crêpes, Säfte und leckerer Kaffee in allen Schattierungen. Auf dem schmalen Balkon hast du den schönsten Platz mit Aussicht. *Di–So 8–22 Uhr | Carmen*

Alto 283, 1. St. | Tel. 977 78 33 33 | la bohemecusco.com/en/home | €

LA DIVINA COMEDIA

Fein speisen mit allen Sinnen: Die Dekoration ist inspiriert von Dantes „Göttlicher Komödie", für den Gaumen gibt's Gourmetküche und für die Ohren Pianomusik und Lyrik. *Mo–Sa 18–22.30 Uhr | Pumacurco 406 (ein Block vom Hotel Monasterio) | Tel. 084 43 76 40 | €€€*

GRANJA HEIDI

INSIDER-TIPP
Das Beste aus zwei Welten

Gutes Frühstück (Säfte, Molkereiprodukte wie Joghurt oder Quark aus eigener Herstellung), selbst gemachter Kuchen sowie eine sehr gute deutsche und peruanische Küche. *Mo–Sa ab 11.30 Uhr | Cuesta San Blas 525, 2. Stock | Tel. 084 23 83 83 | €–€€*

GREENS ORGANIC

Gutes Biorestaurant mit einem breitgefächerten Speisenangebot, einer guten vegetarischen Auswahl und Salaten aus dem eigenen Biogarten. *Tgl. | Santa Catalina Angosta 139, 2. St. | Tel. 084 24 33 79 | €€–€€€*

LIMO – COCINA PERUANA & PISCO BAR

Beim Wirt Coque Ossio wird Ausgehen zum Event mit Traumblick auf die Plaza (Tisch am Fenster reservieren!). Hervorragende Drinks, Sushi, Ceviche u.a. Meeresfrüchte. *Tgl. | Portal de Carnes 236, 1. St. | Tel. 084 24 06 68 | €€€*

PACHAPAPA

Forelle in Kapernsoße, Alpakagulasch oder Pizza auf Holz – in kolonialem Patio und zu Harfenmusik – ein Genuss, und nicht mal teuer. *Tgl. | Plaza San Blas 120 | Tel. 084 24 13 18 | €–€€*

Mächtige Steinquader bilden die Mauern der Inkafestung Sacsayhuamán

SHOPPEN

CENTRO ARTESANAL CUZCO

Im Zentrum für Kunsthandwerk findest du 350 Verkaufsstände mit Artesania-Angebot zu günstigen Preisen. *Av. Tullumayo | gegenüber vom Wasserfall-Monument der Av. Sol*

COCA SHOP

Gute Auswahl an Produkten, hergestellt aus dem heiligen Blatt der Inka, u.a. Tee und Schokolade. Außerdem gibt es lokale Getreidesorten, Eis, Teigtaschen und Kuchen. *Carmen Alto 115 | San Blas | So geschl.*

INKAKUNAQ RUWAYNIN

Die fair gehandelten Produkte (meist Textilien) dieser Vereinigung einheimischer Kunsthandwerker des südlichen Andenraums sind im Gebäude der *Albergue Casa Campesina* ausgestellt. Webvorführungen. *Tullumayo 274 | Mo–Fr 9–13, 15–19, Sa 9–13 Uhr | tejidosandinos.com*

KUNA

Verkauf hochwertiger Bekleidung und Accessoires aus Alpaka- und Vicuñawolle. Sechs weitere Läden u.a. *Portal de Panes 127, Plaza de Armas* und am Flughafen. *Plaza Regocijo 202 | So geschl. | kuna.com.pe*

INSIDER-TIPP
Kaufen und helfen

NIÑOS SHOP

Schöne Mitbringsel und Bio-Lebensmittel im Laden des Hotels *Niños*. Der Erlös geht an soziale Projekte. *So geschl. | Meloc 442 | ninoshotel.com/cuzco-boutique*

SPORT & SPASS

AMAZONAS

Gute Veranstalter für Touren in den Manu-Nationalpark (s. S. 117) sind: *Pantiacolla Tours (Calle Garcilaso 265, 2. St., Büro 12 | Tel. 084 23 83 23 | pantiacolla.com)* und der deutschsprachige Veranstalter *Amazon Trails Peru (Tandapata 660 | San Blas | Tel. 084 43 73 74 | amazontrailsperu.com).*

FAIRER TOURISMUS

RESPONSible Travel Peru bietet sozial verantwortliche und umweltbewusste Reisen an. Im Internet kannst du mit einem interaktiven Planer deine Reise selbst zusammenstellen. *Chihuampata 564 (Eingang über Seledonia's Mesa Restaurante) | San Blas | Tel. 084 23 39 03 | responsibletravelperu.com*

KOCHEN

Nach dem vierstündigen Kochkurs mit *Marcelo Batata Cooking Classes*, in

Blick über das rote Dachziegelmeer von Cuzco – vorne die Plaza de Armas

dem du alles über andine Zutaten und regionale Gerichte erfährst, kannst du dir dann auch zu Hause *Arroz Chaufa* oder *Papa a la Huancaína* zubereiten. *Tgl. 14–18 Uhr, Reservierungen online | Palacios 135 | cuscodining.com/cooking-class*

REITEN

An der Festung Sacsayhuamán kannst du dir ein Pferd ausleihen oder mit *Eric Adventures* in der Gruppe nach Qenqo, Pukapukara und Tambomachay reiten. *Urb. Santa María A1-6, San Sebastián | Tel. 084 27 28 62 | ericadventures.com*

SPANISCH- UND QUECHUA-KURSE

Im Urlaub auch mal was fürs Hirn tun! Gute Lehrer und Lernbedingungen bietet die Sprachschule der Deutsch-Peruanischen Kulturgesellschaft *ACUPARI. San Agustín 307 | Tel. 084 24 29 70 | acupari.de*

STADTRUNDGÄNGE

Gegen ein Trinkgeld bekommst du bei *Inkan Milky Way* eine gute Stadtführung von Einheimischen mit Schwerpunkt Geschichte und Kunstgeschichte. Treffpunkt ist an der Plaza Regocijo gegenüber vom Schokoladenmuseum (nach einer gelben Weste mit „FTF"-Aufdruck Ausschau halten!). *Mo–Sa 10, 13 und 15.30, So 10 Uhr | inkanmilkyway.com*

TREKKING, RAFTING, BIKING

Trips für Wanderer gibt's bei Spezialveranstaltern wie *Mayuc (Portal Confituras 211, Plaza de Armas | Tel. 084 23 26 66 | mayuc.com);* überregional operiert *Explorandes (Paseo Zarzuela Q-2 Huancaro | Tel. 084 23 83 80 | explorandes.com). Tikuna Tours (info@tikunatours.com)* bietet deutschsprachig begleitete Touren und Kleingruppenreisen. Spezialist für Radtouren ist *Gravity Peru (Saphy 568 | Handy 946 64 71 82 | gravityperu.com).*

WELLNESS

ARANWA SACRED VALLEY HOTEL

Die größte Spa-Anlage in Peru liegt am Ufer des Urubamba-Flusses im Heiligen Tal. Auf mehr als 2500 m² gibt es Hydrobäder, Aromatherapien und Kräuterbehandlungen nach traditionellem Vorbild und mit Ölen aus Quinoa oder Camu Camu. *aranwahotels.com/hotel-valle-sagrado*

INSIDER-TIPP
Hier willst du nie wieder raus

HEALING HOUSE

Die Füße tun weh, und der Kopf brummt von so vielen Eindrücken? Im *Healing House* kannst du dich mit Akupunktur, Massagen, Meditation, Thai-Chi und Yoga erholen. Wenn du mehr willst, kannst du auch hier übernachten. *Qanchipata 555, San Blas | 084 24 16 24 | healinghousecusco.com*

HEILZENTRUM PARAMATMA

Hier findest du ganzheitliche Therapien, Yogakurse, Retreats, Reiki, Massagen und andere Wohltaten für Körper und Seele. Im *Namaste House* kannst du auch gleich übernachten. *Asnoqch'utun 279 (ein Block von der Plaza San Blas) | Tel. 987 13 83 80 | holistichealingcusco.com/es/inicio*

AUSGEHEN & FEIERN

CENTRO QOSQO DE ARTE NATIVO

Aufführungen von typischen Tänzen Cuzcos und der Region. *Tgl. 19–20 Uhr | Eintritt 25 S/. (Tickets können ab 18 Uhr direkt vor Ort gekauft werden) | Av. Sol 604 | Tel. 084 22 79 01*

Alles, was die heimische Scholle hergibt: Händlerinnen auf dem Markt von Chinchero

LIMBUS REST BAR

Da fällt dir die Kinnlade herunter: Aus den gewaltigen Fenstern hast du einen sagenhaften Blick über Cuzco bei Nacht. *Tgl. bis 24 Uhr | Pasñapakana 133, San Blas | Tel. 084 43 12 82 | limbusrestobar.com*

MUSEO DEL PISCO

Was wäre Peru ohne seinen Nationalschnaps Pisco? Hier findet ihr fast alle im Land vertretenen Sorten, pur oder in leckere Cocktails verpackt. Angeschlossen ist ein Restaurant *(€€–€€€). Tgl. 11–1 Uhr | Santa Catalina Ancha 398 | Tel. 084 26 27 09 | museodelpisco.org*

UKUKUS

Eine feste Institution in der schnelllebigen Kneipen- und Diskoszene Cuzcos. Meist spielt eine einheimische Band, danach tritt ein DJ in Aktion. *Tgl. | Plateros 316 | ukukusbar.com*

RUND UM CUZCO

13 VINICUNCA (CERRO COLORADO)

100 km/4 Std. von Cuzco (Bus/Tourveranstalter)

Der Aufstieg ist mühsam, und das Herz pumpt spürbar, aber wenn man schließlich auf 5020 m den höchsten Punkt der Wanderung erreicht hat, bleibt einem vor Begeisterung die Spucke weg. Der „Regenbogenberg" ist einer dieser Orte, an denen die Natur ihre Perfektion zeigt: ein geschwungener Bergrücken, über den breite Streifen in Ocker- und Erdtönen verlaufen.

INSIDER-TIPP
Bunter Berg in höchsten Höhen

Lange als Geheimtipp gehandelt, gibt es mittlerweile eine ganze Bandbreite von Touren zum Cerro Colorado. Überlaufen ist der Berg aber nicht – schon allein wegen seiner respektablen Höhe. Tagestouren (lang und anstrengend!) gibt es ab 80 S/.; entspannter geht es in in zwei Tagen (ab 170 S/.). Der Eintritt von 10 S/. geht an die Gemeinde Vinicunca. Infos u. a. bei Ulla Maennig (spricht Deutsch) von *Amazon Trails*. G9

14 CHINCHERO

30 km/45 Min. von Cuzco (Bus oder Sammeltaxi)

Lohnend ist der Ausflug hierher vor allem zum ebenso gut besuchten wie gut bestückten Markt (Lebensmittel, Kunsthandwerk) am Sonntag. Dann ist auch die schöne, innen von dem indigenen Maler Chiwantito ausgemalte Kolonialkirche geöffnet. Das winzige Örtchen (3762 m) war schon unter den Inka ein bedeutender Marktflecken. F–G9

15 INKA TRAIL ★

45 km/4 Tage zu Fuß (mit Tourveranstalter)

Die atemberaubendste Anreise nach Machu Picchu ist die zu Fuß: Die viertägige Wanderung führt von der alten Inkabrücke *Kusichaca* über den Río Urubamba bis auf 4200 m Höhe. Es wird bei eisiger Kälte gezeltet und in sengender Hochlandsonne gewandert – gute Kondition kann da nicht schaden. Wandern darfst du nur mit Führer, z. B. von *Incatrekkers (Plateros 365, 2. St. | Tel. 084 22 29 96 | incatrekkers.com)*. Zum Schutz des Trails sind täglich nur 500 Besucher (inkl. Träger und Guides) zugelassen, deshalb musst du dich mind. 30 Tage, für Mai–Aug. bis zu sechs Monate im Voraus anmelden! Im Feb. ist für Reinigungsarbeiten geschl. *Kosten 292 S/. (inkl. Eintritt Machu Picchu) plus Preis für die Wanderung ca. 600 US$ | F9*

VALLE SAGRADO DE LOS INCAS

(F–G9) **Das „heilige Tal der Inka", wie das Urubamba-Tal auch genannt wird, erstreckt sich längs des Flusses Urubamba zwischen Pisac im Osten und Ollantaytambo im Westen auf ca. 2900 m Höhe.**

Das ganzjährig milde Klima bietet ideale Voraussetzungen für die Landwirtschaft; hier werden vor allem Bohnen, Kartoffeln und Mais angebaut. Der Höhenunterschied zu Cuzco hilft zur Akklimatisierung, die Orte des Tals laden mit Hotels aller Preisklassen zum Verweilen und Entspannen ein.

ORTE IM HEILIGEN TAL

16 PISAC

Inkaruine meets Hippies: In Pisac triffst du auf alternativ lebende Menschen, die hier Cafés, Galerien und Yogazentren eröffnet haben. Früher haben die Inka hier von einer Felsenfestung ins Tal geblickt, heute kannst du mit dem *Boleto Turistico* (oder einem *Boleto Parcial* für 70 S/.) durch die Ruinen streifen. Sei am besten vor 10 Uhr dort, bevor die ersten Touristenbusse ankommen. In Pisac gibt es täglich ein buntes Markttreiben auf der Plaza, ein *Choco Museo*, einen Kartoffelpark und einen wunderschönen Botanischen Garten. Vom Café *El Encanto (San Francisco | tgl. 9–20 Uhr | €–€€)* hast du einen guten Blick in die Blumen und kannst dabei leckere Säfte schlürfen. Probier doch mal den Kaffee-Bananen-Shake! *F9*

INSIDER-TIPP **Blumen und Bananen**

17 OLLANTAYTAMBO

Das im ursprünglichen, inkaischen Stil erhaltene Dorf wird überragt von einer beeindruckenden Festungsanlage. Über terrassenartig angelegte Felder geht es zum Haupttempel. Dieser besteht aus sechs rötlichen Monolithen, bei deren Größe es bis heute unklar ist, wie sie transportiert wurden. Ollantaytambo bietet mit dem Bahnhof eine preiswertere Anfahrt nach Mach Picchu als von Cuzco aus (Fahrzeit dorthin ca. 1½ Std.).

Wenn du das Eintrittsgeld zu den Ruinen sparen willst *(Boleto turistico)*, kannst du auch zu den Ruinen von *Pikuylluna (Eingang in der Calle Lari gegenüber vom Picaflor Tambo Guesthouse, das Holztor steht tgl. 7–16.30 Uhr offen | Eintritt frei)* hochsteigen, die früher Kornkammern der Inka wa-

INSIDER-TIPP
Kraxeln zu den Kornkammern

ren. Hier hast du einen tollen Blick auf die gegenüberliegende Festung und bekommst die letzten Sonnenstrahlen am späten Nachmittag ab. Für einen Snack solltest du hier ins *Hearts Café (tgl. 7–21 Uhr | Av. Ventiderio, vor der Brücke | Tel. 084 43 67 30 | heartscafe peru.com | €)* gehen; die Erlöse kommen gemeinnützigen Projekten in der Region zugute. *F9*

18 AGUAS CALIENTES

Der auch Machu Picchu Pueblo genannte Ort am Fuß von Machu Picchu ist die zentrale Anlaufstelle für alle Machu-Picchu-Besucher, die hier mit der Bahn ankommen und mit dem Shuttlebus zur Ruinenanlage hochfahren. Der Ort ist nicht per Auto zu erreichen und bietet meist überteuerte Hotels und Restaurants. Wie der Name verrät, gibt's hier heiße Quellen, in denen du z.B. nach einem harten Trekking entspannen kannst. Wer nach dem Besuch von Machu Picchu noch eine Nacht bleibt, kann im *Indio Feliz (Lloque Yupanqui 103, nahe Plaza de Armas | Tel. 084 21 10 90 | €€)* Cocktails trinken und sehr gut französisch-peruanisch essen. *F9*

19 MACHU PICCHU ★

Die Anreise mit dem Zug nach Aguas Calientes, dem Ausgangspunkt für Machu-Picchu-Besuche, dauert von Ollantaytambo im Heiligen Tal ca. 90 Minuten, die Zugfahrt selbst ist ein Erlebnis. Aus dem Hochtal der Anden geht es in den mit Pflanzen überwucherten Hochdschungel. Der Urubamba-Fluss begleitet dich die ganze Zeit auf der linken Seite. Die Anreise ist mit zwei Zuggesellschaften möglich: *Inca Rail (Portal de Panes 105 | Plaza de Armas | Cuzco | Tel. 084 58 18 60 | inca rail.com)* und *Perurail (Portal de Carnes 214 | Plaza de Armas | Cuzco | am Flughafen und am Bahnhof Wanchaq | Tel. 084 58 14 14 | perurail.com)*. Beide bieten auch Abfahrten aus Poroy an, einem Bahnhof 18 km außerhalb von Cuzco. Von hier dauert die Fahrt ca. 3 ½ Stunden. Die Kosten richten sich nach der Wagenklasse: einfache Fahrt ab 65 US$, Luxusklasse des Hiram-Bingham-Zuges ca. 450 US$.

Trittsicherheit erwünscht: Einheimische auf dem Inca Trail

In Aguas Calientes kauft ihr euch am besten gleich die Eintrittstickets zur Ruinenstätte im Büro des Kulturinstituts *(Dirección Regional de Cultura)*, wenn ihr dies nicht schon vorab in Cuzco oder im Internet *(machupicchu.*

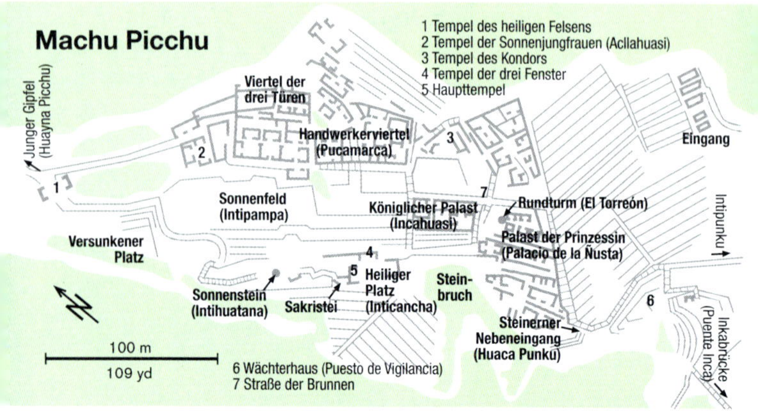

gob.pe) gemacht habt. Beim Kauf im Internet benötigt ihr eine Visa-Kreditkarte oder später genügend Zeit, um bei der Banco de la Nación Schlange zu stehen und am Schalter in bar zu zahlen (mit Reservierungscode). Es gibt zwei Zeitfenster für den Besuch: 6–12 und 12–17.30 Uhr. Einfacher Eintritt 152 S./ pro Person, ab 12 Uhr nur 100 S/. *(Tarifa Vespertinaria),* Kinder bis 16 J. zahlen die Hälfte, unter 7 J. gratis; mit Besteigungsrecht Huayna Picchu (um 7 oder 10 Uhr) 200 S./, mit Besteigungsrecht des Montaña Machu Picchu (um 7 oder 9 Uhr) 200 S./, mit Museum 174 S./. Beachte bitte, dass diese Zusatzoptionen mit dem Kauf des Tickets erworben werden müssen und nicht im Nachhinein dazugekauft werden können! Die Zahl der Besucher des Huayna Picchu und des Montana Machu Picchu ist auf täglich 400 begrenzt, darum unbedingt vorher reservieren. Ebenfalls am Vortag des Besuchs solltet ihr zum TicketHäuschen von *Consettur* gehen und die Tickets für den Shuttlebus erwerben. Die Hin- und Rückfahrt kostet 26 US$. Am Tag der Besichtigung heißt es zeitig aufstehen, denn für den ersten Bus (ab 5.30 Uhr, es gibt genügend Busse für alle!) müsst ihr wieder anstehen. Die Tore zu Machu Picchu öffnen um 6 Uhr; denkt an den Reisepass und das Eintrittsticket, beides wird kontrolliert. Das Ticket aufbewahren, denn am Besuchstag darf man zur Toilette nach draußen (in der Anlage gibt's keine) und erneut hineingehen. Das Mitführen von Essen und Trinken sowie von Wanderstöcken mit Spitzen ist offiziell verboten.

Steigt nun zum Wächterhaus hinauf, um einen ersten Blick auf die Anlage zu erhalten. Von hier sind die Sektoren, Plätze und Tempel gut zu erkennen. 1911 war es für Hiram Bingham, den US-Amerikaner und Wissenschaftler an der Universität Yale, nicht so einfach, die Ruinen auszumachen. Er war eigentlich auf der Suche nach einer anderen Inka-Stätte, als Bauern ihn hier hinaufführten. In der Schlucht des Río Urubamba lagen auf ca. 100

ha einer Bergkuppe, überwuchert von Pflanzen die wichtigsten Ruinen von Peru. Hiram Bingham nannte sie Machu Picchu („Alter Gipfel").

Der Rundgang beginnt am Eingangsportal Huaca Punku unterhalb des Wächterhauses. Folgt der Beschilderung und lasst den Steinbruch (oft grasen hier Lamas) hinter euch. Ihr erreicht den Heiligen Platz Inticancha mit dem Tempel der drei Fenster. Der Aufstieg zum Sonnenheiligtum Intihuatana folgt als nächstes. Hier ist der „Ort, an dem die Sonne angebunden wird". Der Sonnenstein soll den Priestern zum Erkennen der besten Pflanz- und Erntezeiten oder bei religiösen Zeremonien gedient haben. Der Abstieg zum Sonnenfeld Intipampa geht an einer Stelle sehr knapp am Felsen und mit Blick in die Schlucht entlang. Überquert nun das Sonnenfeld. Am Tempel des Heiligen Felsens ist der Eingang zum Huayna Picchu. Rechterhand folgt das Viertel der drei Türen, das Handwerkerviertel. Der Tempel des Kondors liegt direkt auf dem Weg und markiert die Separation zwischen einfachem Volk und den Herrschenden. Oberhalb des Kondortempels befinden sich der Königliche Palast Incahuasi, der Palast der Prinzessin Palacio de la Ñusta sowie der Turm El Torreón. Hier gab es nicht nur Wohnhäuser, sondern auch Wasserleitungen und Brunnen. Insgesamt waren es ca. 200 Gebäude, die etwa 2000 Menschen Obdach lieferten. Welche Bedeutung Machu Picchu einst hatte, ist ebenso wenig geklärt wie die Frage, warum hier überwiegend weibliche Mumien gefunden wurden. F9

Machu Picchu, die geheimnisumwitterte Inkafestung vor grandioser Bergkulisse

AMAZONIEN

WILDER WALD

Peru ist die Wiege des Amazonas, eine geheimnisvolle grüne Welt voller Magie und Legenden. Tatsächlich birgt der Urwald um die Amazonas-Zuflüsse, die hier das größte Flusssystem der Erde bilden, die größte Artenvielfalt unseres Planeten.

Der Nationalpark Manu gehört zum südlichen Amazonasgebiet Perus, das an Bolivien grenzt und sich dort mit dem Nationalpark Madidi fortsetzt. Zwischen der bolivianischen Grenze und dem Río Madre de Dios gibt es noch mehr Schutzgebiete voller Tiere und

Boot auf einem Nebenfluss des Amazonas

Pflanzen, allen voran das Naturreservat Tambopata. Tor zu den Urwaldlodges ist Puerto Maldonado. Aus den gewaltigen Wasseradern des Südens wird im Nordosten der Amazonas. Besuchermagnet ist dort Iquitos, die alte Stadt der Kautschukbarone und heutige Hauptstadt der Provinz Loreto. Weniger bekannte, aber nicht weniger schöne Ziele im Regenwald sind Pucallpa, Ausgangspunkt für Besuche des schönen Dschungelsees Yarinacocha, und Tarapoto, von wo aus Abenteuerlustige per Boot bis nach Iquitos reisen können.

AMAZONIEN
Mazán
Canopy Walkway
Iquitos S.112
Villa Trompeteros
Schiffe nach Yurimaguas
Sanata Maria de Nieva
San Lorenzo
Requena
Lagunas
Nueva Cajamarca
Moyobamba
Yurimaguas
Rioja
Soritor
Lamas
Chachapoyas
Tarapoto
San Martin de Alao
PERÚ
Bellavista
Juanjuí
Contamana
Cruzeiro do Sul
Mâncio Lima
Pizana
Tocache
Pucallpa
18
Sihuas
Curimana
Neshuya
Pomabamba
Aucayacu
Marechal Thaumaturgo
Caraz
Llamellín
Yungay
Aguaytía
Carhuaz
Huantar
Tingo María
Puerto Inca
Huaraz
Llata
Puerto Esperanza
18
Breu
Recuay
Huallanca
Chavinillo
Huánuco
Constitución
3
Chiquián
Cauri
Bolognesi
Ocros
Cajatambo
Huariaca
Puerto Bermudez
Yanahuanca
Paramonga
Cerro de Pasco
Oxapampa
Atalaya
Barranca
Oyón
Villa Rica
1
Supe
Huayllay
Carhuamayo
Perené
Parque Nacional Manu
Huaura
Sayán
La Merced
Huacho
Junín
Sepahua
3
San Ramón
Mazamari
1
Satipo
Huaral
Canta
Tarma
San Martín de Pangoa
20
San Mateo
Jauja
Ate
Matucana
Concepción
Lima
Chaclacayo
Chupaca
Huancayo
Huarochirí
Quinches
Pampas
Pichari
100 km
62.14 mi
Kimbiri
Kepashiato
Mala
Paucará
Pacarán
Huancavelica
Acobamba

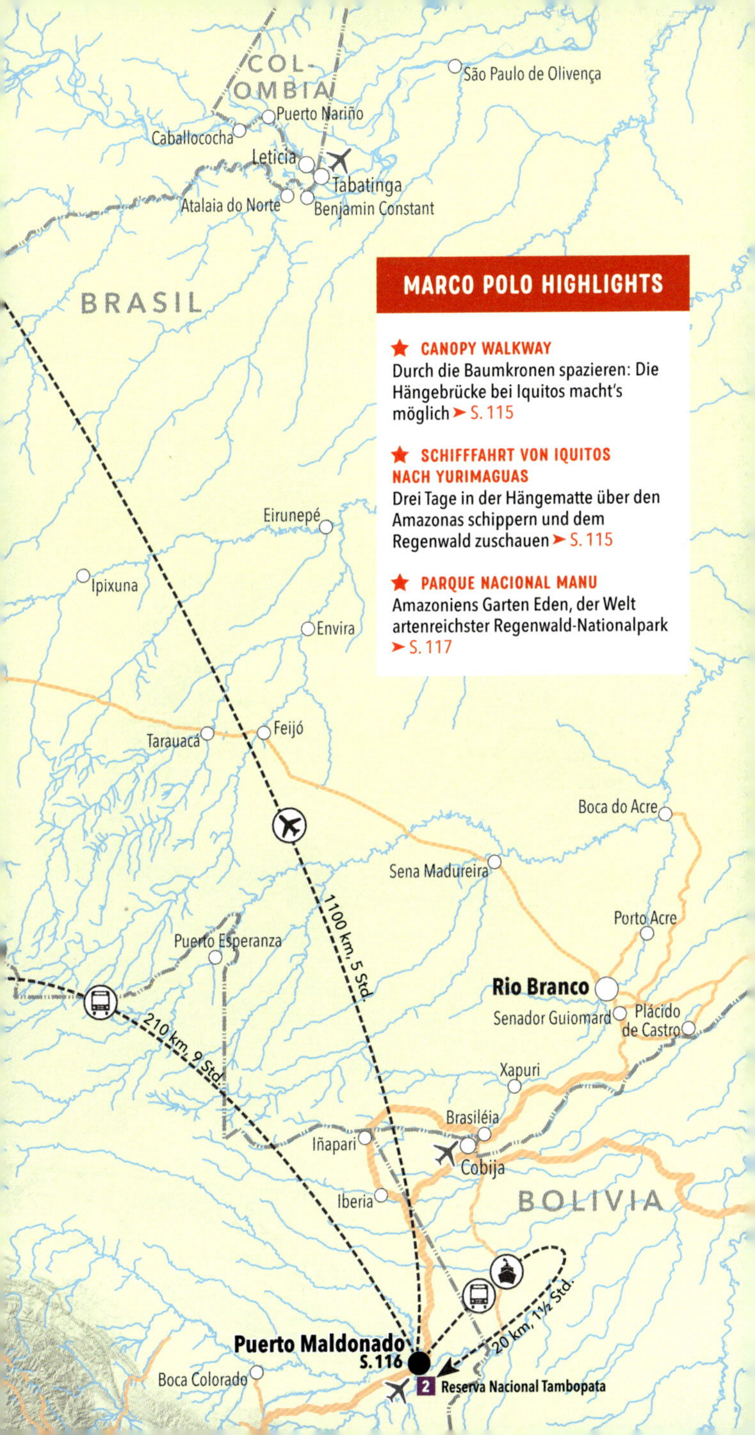

MARCO POLO HIGHLIGHTS

★ **CANOPY WALKWAY**
Durch die Baumkronen spazieren: Die Hängebrücke bei Iquitos macht's möglich ➤ S. 115

★ **SCHIFFFAHRT VON IQUITOS NACH YURIMAGUAS**
Drei Tage in der Hängematte über den Amazonas schippern und dem Regenwald zuschauen ➤ S. 115

★ **PARQUE NACIONAL MANU**
Amazoniens Garten Eden, der Welt artenreichster Regenwald-Nationalpark ➤ S. 117

IQUITOS

(◫ F3) **Iquitos blickt auf eine bewegte Vergangenheit zurück: Mitte des 17. Jhs. entstand die Jesuitenmission Santa Bárbara de Iquitos. Als die Stadt 1757 gegründet wurde, gehörte sie zu Ecuador.**

In Zeiten des Kautschukfiebers, gegen Ende des 19. Jhs., boomte die Stadt. Die Gummibarone ließen prächtige Paläste erbauen, von denen heute noch einige zu sehen sind. 1941 wurde die Stadt von Peru erobert. Heute ist Iquitos Hauptstadt der Provinz Loreto und hat 500 000 Einwohner. Sie ist damit die weltweit größte Stadt, die nicht über den Landweg erreichbar ist. Iquitos ist das wichtigste Handelszentrum in einem Umkreis von mehreren Hundert Kilometern. Flüsse sind die Lebensadern der Region, und noch immer können Schiffe bis 3000 Bruttoregistertonnen den Hafen anlaufen. Überall tuckern *Peque-peques,* offene Holzkanus mit knatternden, PS-schwachen Motoren, während Schnellboote und große Handelsfähren zu Flussfahrten bis nach Kolumbien, Ecuador oder Brasilien starten. Auf der Uferpromenade *(Malecón)* kann man mit Blick auf den durch Sandbänke entrückten Amazonas flanieren und Federschmuck der Gemeinden von den umliegenden Flüssen Amazonas, Napo, Ucayali, Marañón und Nanay kaufen. Die schönsten Flussstrände sind Tunchi Playa an der Laguna Quistococha und die Playas Santa Clara und Santo Tomás am Río Nanay. Die Lodges liegen unterschiedlich weit außerhalb, bis zum 180 km entfernten Naturschutzgebiet *Pacaya Samiria,* mit 21 000 km² das größte Perus.

WOHIN ZUERST?

Schlendere für einen ersten Eindruck an der Strandpromenade Malecón entlang, und fahr dann mit dem Kleinbus ins Viertel Belén. Hier bietet der Markt exotische Früchte, Tiere und Kräuter gegen allerlei Wehwechen. Bei Hochwasser fühlt man sich wie in Venedig – nur im Urwald. Keine Wertsachen mitführen!

SIGHTSEEING

MUSEO BARCO HISTÓRICO „AYAPUA 1906"

Auf dem Trockenen liegt jetzt dieser Dampfer, der 1906 in Hamburg gebaut wurde und in den Jahren des Kautschukbooms die Flüsse auf und ab fuhr. Hier bekommst du einen Eindruck von den Gründungsjahren der Stadt. Am schönsten ist der Besuch zwischen 16 und 17 Uhr, dann bekommst du noch einen glutroten Sonnenuntergang gratis dazu. *Tgl. 10–19 Uhr | Eintritt 10 S/. inkl. Tour | Malecón Tarapacá, Raimoni, vor der Plaza Ramón Castillo | Tel. 065 23 19 13 | historicboatmuseum.org/site/es/aya pua-2 | ◷ 45 Min.*

CASA DE FIERRO

Das „Eisenhaus" entwarf Gustave Eiffel für die Weltausstellung 1887 in Paris. Der Kautschukbaron de Águila

Iquitos: Für das Leben am Fluss braucht es Boote und Pfahlbauten

ließ es mit dem Schiff stückweise nach Iquitos importieren. Es wurde 1997 renoviert, wird aber nicht besonders gut genutzt. In der ersten Etage gibt es einige Läden, die 2. Etage steht seit Jahren leer. Mehr über das Haus erfährst du im *Museo Iquitos*. *Plaza de Armas, zwischen Próspero und Putumayo* | *15 Min.*

BELÉN

Das Viertel der Pfahlhäuser ist für einige das „Venedig des Amazonas", für andere ein Slum. Tatsächlich ist es beides: ein Armenviertel mit viel Atmosphäre, das am und im Wasser gebaut ist. Besonders zwischen Februar und Mai, wenn der Wasserstand um 8–12 m steigt, verwandelt sich Belén in eine interessante, bunte schwimmende Stadt. In der übrigen Zeit teilt der – dann nur noch schmale Río Itaya – den Vorort in zwei Teile, und man kann zu Fuß durch Belén gehen. Einheimische fahren Gäste auf Wunsch mit Holzkanus durch Belén *(ca. 10 S/. pro Std.)*. Geh dort nicht alleine hin, nimm keine Wertsachen und nicht viel Geld mit, und pass aufs Handy auf! *1½ Std.*

INSIDER-TIPP
Hochwasser willkommen

PILPINTUHUASI BUTTERFLY FARM

Non-Profit-Schutzstation für Wildtiere und Schmetterlingsfarm, betreut von der Österreicherin Gudrun Sperrer. *Di–So 9–16 Uhr* | *Eintritt 20 S/. inkl. Tour* | *Padre Cocha (am Río Nanay), Anfahrt mit dem Boot vom Strand Bellavista* | *amazonanimalorphanage.org* | *1 Std.*

ESSEN & TRINKEN

AL FRÍO Y AL FUEGO

Warum nicht mal auf dem Fluss essen? Schwimmendes Restaurant für Romantiker und Genießer. *Mo–Sa 12–24 Uhr | La Marina 138 | Puerto El Huequito (die Treppe runter, von dort mit dem Boot des Restaurants zum Lokal auf dem Rio Itaya) | Handy 965 60 74 74 | alfrioyalfuego.com | €€€*

FITZCARRALDO

Mit Flussblick am Boulevard gelegen, dekoriert mit Bildern des gleichnamigen Films von Werner Herzog, dazu gute Küche: für Amazonas-Romantiker. *Tgl. | Jr. Napo 100, Ecke Boulevard Maldonado | Tel. 065 23 65 36 | €€–€€€*

HUASAI

Probier mal was Neues und wag dich auf kulinarisches Neuland: Lokale Spezialitäten wie Reissuppe oder frittierter Paiche-Fisch sind hier der Renner. Gute Mittagsmenüs; das Lokal ist sehr populär, weil gut und günstig. *Tgl. 7–16.30 Uhr | Fitzcarrald 131 | Tel. 065 24 22 22 | €*

KARMA CAFÉ

In-Café, in dem man von leckeren Säften und Salaten bis zu Thaicurrys einiges geboten bekommt. Donnerstagabends kannst du das Salsatanzbein schwingen lernen, freitags Yogaposen üben und samstags Tango tanzen, alle Workshops sind gratis und beginnen jeweils um 19 oder 20 Uhr. *Mo geschl. | Napo 138 | Tel. 065 60 05 76 | €€*

Al Frío y al Fuego: essen auf dem Fluss mit Essen aus dem Fluss

LODGES & AUSFLÜGE

EXPLORAMA TOURS

Erfahrener Anbieter von Regenwaldausflügen flussabwärts von Iquitos. Zum Unternehmen gehören drei Lodges (alle mit WLAN), ein Camp, die Forschungsstation *ACTS* und der ★ *Canopy Walkway,* ein 500 m langes und bis zu 36 m hohes Hängebrückensystem in den Baumkronen der Urwaldriesen. Ein unvergessliches Erlebnis, wenn dir die Höhe und die Schaukelei nichts ausmachen ... *Explorama* unterstützt mehrere Hilfsprojekte in der Region und steht für einen umweltverträglichen Tourismus. *Av. La Marina 340 | Tel. 065 25 25 30 | explorama.com*

Auf dem Canopy Walkway

PACAYA SAMIRIA

Wunderschön am Río Marañon gelegene Lodge mit 6 zweistöckigen und 2 einstöckigen Holzbungalows, 120 km südwestlich von Iquitos und nur 10 Bootsminuten vom Naturreservat *Pacaya Samiria* entfernt. Neben Beobachtungstürmen und Wanderwegen verfügt die Lodge über Restaurant, Bar und ein Hängemattenzimmer. Von der Lodge werden mehrtägige Ausflüge z.T. mit Campübernachtung nach Pacaya-Samiria angeboten. *José Gálvez 546 | Tel. 065 22 61 37 | pacayasamiria.com.pe | €€€*

REFUGIO ALTIPLANO

Die Lodge, die 35 km flussaufwärts am Río Tamshiyacu liegt (Fahrtzeit ca. 90 Min.), hat sich auf mehrtägige Heil- und Fastenprogramme in absoluter Abgeschiedenheit spezialisiert. Man arbeitet unter anderem mit der bewusstseinserweiternden Pflanze Ayahuasca, deren Saft mehrmals eingenommen wird. *Pevas 113-C | Tel. 931 05 59 59 | refugioaltiplano.org | €€€*

SCHIFFSVERBINDUNGEN

Mal ganz entspannt an Deck in der Hängematte liegen, die „grüne Hölle" am Ufer vorbeiziehen lassen, aufs Wasser schauen und den Geräuschen des Dschungels lauschen? Unbedingt! Schiefertafeln am Hafen bei der Avenida La Marina zeigen täglich die Abfahrtszeiten der ★ Schiffe nach *Yurimaguas* (flussaufwärts auf dem Río

Marañon und dem Río Huallaga, 3 Tage, *Naviera Eduardo*) oder nach *Pucallpa* (flussaufwärts auf dem Río Ucayali, 4–5 Tage, *Naviera Henry*). Boote nach Ecuador fahren ab Mázan (flussaufwärts auf dem Río Napo, 3–4 Tage), das regelmäßig von Schnellbooten aus Iquitos angefahren wird (Abfahrtsort: Mercado de Productores). Schnellboote in das Dreiländereck Peru-Kolumbien-Brasilien fahren täglich vom Hafen *El Huequito* in der Av. La Marina. Die Ticketbüros befinden sich im Block 3 der Jr. Raymondi. Relativ teure, mehrtägige Amazonas-Kreuzfahrten bieten *Aqua Expeditions (aquaexpeditions.com)* und *Delfin Amazon Cruises (delfinamazoncruises.com)* an.

AUSGEHEN & FEIERN

MUSMUQUI

Beliebte Kneipe mit exotischen Getränken. Hier findest du *good vibrations* und nette Leute. *Mo–Sa ab 19 Uhr | Raimondi 382 | facebook: El Musmuqui Iquitos*

PUERTO MALDONADO

(📖 H8) **Paranüsse und Gold begründeten Anfang des letzten Jahrhunderts den ersten wirtschaftlichen Aufschwung von Puerto Maldonado (90 000 Ew.), der Hauptstadt der Provinz Madre de Dios.**

Am Zusammenfluss von Río Tambopata und Río Madre de Dios gelegen, erschließt sich von der Stadt über diese Urwaldströme und deren Seitenarme ein riesiges Urwaldgebiet bis an die Grenze Boliviens. Es steht heute größtenteils unter Naturschutz und hat einige Anbieter für umweltverträglichen Tourismus, die hier Dschungellodges mit Abenteuerflair und Wildtiergarantie unterhalten. Puerto Maldonando wird gern Perus Hauptstadt der Biodiversität genannt. Schließlich gehört zu ihrem Gebiet auch der weiter nordwestlich am Río Madre de Dios und Río Manu gelegene Nationalpark *Manu*. Die meisten Touristen reisen per Flugzeug nach Puerto Maldonado und werden hier von Vertretern ihrer gebuchten Lodges empfangen und per Bus und Boot dorthin gebracht. Da

der Flughafen außerhalb liegt, lernen viele Besucher den Ort selbst gar nicht kennen. Fragt euren Fahrer, ob eine Stadtbesichtigung zeitlich möglich ist, oder plant eine Übernachtung vor oder nach eurem Dschungelabenteuer ein.

ESSEN & TRINKEN

BURGOS
Gelungene Fusion peruanischer und brasilianischer Küche bei schönem Ausblick auf den Zusammenfluss des Madre de Díos und des Tambopata. *Tgl. 11–24 Uhr | Av. 26 de Diciembre 195 | €€*

LOS GUSTITOS DEL CURA
Waisenkinder des Hilfsprojekts APRONIA servieren in diesem zentral gelegenen Café direkt an der Plaza de Armas leckeres Eis, gute Fruchtsäfte und besten Biokaffee. Ein ebenso sympathisches wie unterstützenswertes Projekt! *Mi geschl. | Av. Loreto, Plaza de Armas | €*

RUND UM PUERTO MALDONADO

1 PARQUE NACIONAL MANU ★
210 km/9 Std. von Cuzco (mit dem Bus bis Atalaya)

Mit 1,7 Mio. ha ist der Nationalpark Manu halb so groß wie die Schweiz und dabei das wohl artenreichste Re-

Er darf noch Pelz tragen: Leopard am Río Tambopata

Abenteuerlust muss man für Touren durch den Manu-Nationalpark schon mitbringen

genwaldreservat der Erde: Allein 200 Baumarten kommen hier pro Hektar vor – in ganz Europa gibt es nur 160 – und 1000 von 9000 insgesamt auf der Welt existierenden Vogelarten. Seit 1987 trägt er das Etikett Unesco-Welterbe.

Aufgrund des sehr unregelmäßigen Kleinflugverkehrs von Cuzco nach Boca Manu, dem Tor zum Nationalpark am Zusammenfluss des Río Madre de Dios und des Río Manu, erfolgt die Anreise (2 Tage) meist per Bus über Paucartambo und Pillcopata. Ab Atalaya wird das Boot genommen. Übernachtet wird unterwegs in den Nebelwaldlodges der Manu-Veranstalter. Fällt der Rückflug nach Cuzco aus, nehmen die Veranstalter die Route den Río Madre de Dios flussabwärts bis Colorado, von dort per Auto bis Puerto San Carlos und weiter mit dem Privatbus auf der asphaltierten Interoceánica zurück nach Cuzco oder gegebenenfalls bis Puerto Maldonado, von wo aus der Rückflug nach Cuzco oder ohne Umsteigen auch nach Lima möglich ist. Der Eintritt für Manu kostet 150 S/. (für bis zu 5 Tage, Extratag 40 S/.). Das Ticket wird über den Veranstalter bezahlt (oftmals extra zum Reisepreis) und kann nicht bei der Nationalparkbehörde gekauft werden. Angeboten werden inzwischen auch abenteuerliche Mountainbiketouren, die einen 65 km langen Downhill zum Oberlauf des Río Alto Madre de Dios einschließen und in Manu enden, z.B.

INSIDER-TIPP
Über Stock und Stein

mit dem deutschsprachigen Anbieter *Peru Discovery (Büro in Cuzco: Urb. Larapa | Los Capulíes B-10-7 | Tel. 084 63 71 55 | perudiscovery.com)* oder mit *manuperu.com*. Weitere empfehlenswerte Manu-Anbieter sind die holländische Agentur *Pantiacolla Tours (Büro in Cuzco: Calle Garcilaso 265, 2. St., Büro 12 | Tel. 084 23 83 23 | pantiacolla.com)* und der deutschsprachige Veranstalter *Amazon Trails Peru (Büro in Cuzco: Tandapata 660 | San Blas | Tel. 084 43 73 74 | amazontrailsperu.com).* *F-G 8-9*

2 RESERVA NACIONAL TAMBOPATA

20 km/1–2 Std. von Puerto Maldonado (mit Bus und/oder Boot)

Bildet mit dem *Parque Nacional Bahuaja-Sonene (Eintritt 30 S/. für 2 Tage, 75 S/. für 5 Tage, länger 150 S/.)*, der nicht besucht werden kann, ein riesiges (3,7 Mio. ha) Regenwaldschutzgebiet zwischen Puerto Maldonados beiden Flüssen und der Grenze zu Bolivien. Das Guinnessbuch der Rekorde könnte lange Listen aufstellen: 648 registrierte Vogelarten gibt es hier, 323 Fisch-, 108 Säugetier- und 93 Amphibienarten. Dazu noch die weltweit größte Minerallecke für Papageien *(Collpa de Colorado)*. Südlich gelangt man über den Río Tambopata ins Schutzgebiet, z.B. zu den drei Lodges von *Rainforest Expeditions (perunature.com)*. Östlich von Puerto Maldonado gelangt man über den Río Madre de Dios zum Sandovalsee, der nur mit einem kleinen Fußmarsch erreichbar ist. Dort kann man mit etwas Glück Riesenotter beobachten. Schlafen kannst du in der traumhaft schön am Seeufer gelegenen *Sandoval Lake Lodge* an, die von *Inka Natura Travel (inkanatura.com)* betrieben wird.

Die schicke Lodge *Reserva Amazónica* verfügt über eine Canopy-Anlage mit Hängebrücken und Beobachtungsplattformen – toll für Kinder! Eines der beliebtesten Ausflugsziele ist die *Collpa de Colorado (Eintritt 100 S/.)*, ein Lehmfelsen, an dem Hunderte von Papageien Mineralien lecken. *H9*

INSIDER-TIPP
Mmh, lecker Lehm!

SCHÖNER SCHLAFEN IN AMAZONIEN

AM PULS DES URWALDS

Nicht nur für Vogelliebhaber ist ein Bett in den Bäumen ein Traum – zumindest, wenn man einigermaßen schwindelfrei ist. Naturverbundene tauchen für ein paar Tage im Dickicht der Wälder ab. Für luxusverwöhnte Gäste sind die Unterkünfte von *Inkaterra (inkaterra.com)* genau richtig. Auf ihrem Gelände kann man nicht nur in den Bäumen herumklettern, sondern dort auch übernachten. In 25 m Höhe muss man weder auf die Solardusche noch auf den Butlerservice (!) verzichten – und die Stirnlampe bewahrt einen vorm nächtlichen Absturz. Weniger luxuriös, aber mitten in der Natur befindet sich das *Senda Verde (sendaverde.com)*. Hier rollst du deinen Schlafsack in kleinen Baumhäusern aus.

BOLIVIEN

ÜBERRASCHEND VIELFÄLTIG

Bolivien ist mehr als Anden, Lamas und Titicacasee: Zwischen Sonneninsel und Silberberg findest du Berge, Salzwüsten und Regenwald, die „weiße Stadt" Sucre, rätselhafte Ruinenstätten und im Süden sogar Weinanbaugebiete.

Bolivien ist das Land mit dem höchsten Anteil an indigener Bevölkerung in Südamerika. Die Verfassung von 2009 garantiert den Menschen, die lange diskriminiert wurden, Selbstbestimmung, ihr Recht auf Autonomie und Kultur. Quechua, Aymara und Guaraní sind dem

Salar de Uyuni

Spanischen als Landessprache gleichgestellt. Bolivien ist interkulturell und plurinational – sagt die Verfassung ...
Klimatisch ist Bolivien ein Land der Extreme. Nachts wird es in Höhen um 4000 m eiskalt, tagsüber knallt die Sonne so stark, dass man Sonnencreme mit höchstem Schutzfaktor benötigt. Die Luft im Hochland ist dünn. Auch Sportliche müssen viele Pausen einlegen, wenn sie durch die steilen Gassen von Potosí bummeln, der mit über 4000 m höchstgelegenen Stadt der Welt am Cerro Rico.

BOLIVIEN
Sandia
Crucero
San Antón
Asillo
Muñani
Azángaro
Cojata
Huancané
Juliaca
Capachica
2 Titicacasee
Puno
Ilave
Juli
3 Copacabana
Yunguyo
Achacachi
PERÚ
El Alto
La Paz
S. 124
1 Tiwanaku
Viacha
Santa Rosa
Achiri
Patacamaya
Tarata
Callapa
Caracollo
415 km, 1 Std.
4 Oruro
Tacna
Putre
Turco
Arica
Pazna
Huachacalla
200 km, 3 Std.
Coroma
CHILE
Huara
Iquique
Salar de Uyuni 11
Colchani
Santos Reyes
7 Madidi
7 Rurrenabaque
Apolo
Caranavi
6 Coroico

MARCO POLO HIGHLIGHTS

★ **LA PAZ**
Indigenes Erbe und koloniale Tradition ➤ S. 124

★ **TIWANAKU**
Rätselhafte Ruinen mit weinenden Göttern ➤ S. 130

★ **SUCRE**
Die schönste Stadt Boliviens ➤ S. 133

★ **POTOSÍ**
Unesco-Welterbe – die einst reichste Stadt Lateinamerikas ➤ S. 136

★ **SALAR DE UYUNI**
Boliviens Salzmeer – eine Grenzerfahrung ➤ S. 137

★ **SAMAIPATA**
Auf den Spuren Che Guevaras ➤ S. 139

Aus den Bergwerken im Cerro Rico förderten die Spanier einst so viel Silber, dass sie damit eine Brücke bis Europa hätten bauen können. Heute ist Bolivien das ärmste der Andenländer. Leider hat auch der politische Kurs des indigenen Präsidenten (bis 2019) Evo Morales daran nicht viel geändert.

LA PAZ

(◫ J11) ★ **La Paz ist Regierungssitz und die zweitgrößte Stadt des Landes (nach Santa Cruz), nicht aber die Hauptstadt – das ist, große Überraschung, Sucre.**

Gegründet 1548 von dem Spanier Alonso de Mendoza, liegt die heute 1,2 Mio. Einwohner zählende Metropole zum größten Teil geschützt vor den eisigen Hochlandwinden im tiefen Cañon des Río Choqueyapu – den eisbedeckten Illimani (6439 m) immer im Blick. Wobei die bessere Gesellschaft in den tiefer gelegenen Vierteln *(barrios)* San Miguel, Calacoto oder Zona Sur wohnt. Die Armen müssen mit den kälteren, weil höher gelegenen Stadtteilen vorlieb nehmen, z. B. El Alto (4061 m). Im Zentrum, nahe der Plaza San Francisco, treffen sich die verschiedenen Bevölkerungsgruppen wieder: Rund um die Geschäftshäuser der Weißen und Mestizen wogt ein bunter (Souvenir-)Markt der *indígenas.*

La Paz ist Ausgangspunkt für Touren zum Titicacasee und in die Yungas, die tropischen Täler der Andenostseite, sowie zu den Gipfeln der Königskordillere. Mit dem Bus (2 Std.) erreicht man die südöstlich gelegene Karnevalsstadt Oruro. Vorposten für die Erkundung des Landes Richtung Osten ist das mit dem Flugzeug schnell zu erreichende Cochabamba.

WOHIN ZUERST?

Die Calle Jaén ist die einzige historisch erhaltene Straße aus der Kolonialzeit (ohne Verkehr), in der sich fünf Museen angesammelt haben. Fahr mit dem Taxi her, und bring genug Zeit mit, um hier in die abwechslungsreiche Geschichte des Landes einzutauchen.

SIGHTSEEING

BASÍLICA DE SAN FRANCISCO/ CENTRO CULTURAL SAN FRANCISCO

Die bedeutendste Kolonialkirche der Stadt wurde 1549–1600 mit üppiger, im Mestizenstil gestalteter Fassade erbaut. Innen prunkt sie mit einer barocken Ausstattung. Das *Museum* im früheren Kloster nebenan führt anschaulich in die Geschichte des Franziskanerordens ein. *Plaza San Francisco | Mo–Sa 9–18 Uhr | Eintritt 20 Bs | ⏲ 1 Std. für Kirche und Museum*

CENTRO DE ARTES MAMANI MAMANI

Hier stellt der Aymara-Indígena Mamanmi Mamani, einer der bekanntesten Künstler Boliviens, seine farbenfrohen Werke aus. In seinen Bildern

Farbenfroh herausgeputzte Altstadt: die Calle Jaén in La Paz

spiegeln sich andine Elemente, Folklore und der Volksglauben wider. Auch Kurse, Karate bis Malerei. *Calle Indaburo 710/Jaén | Mo–Fr 9.30–13, 15–19, Sa 10–13 Uhr | fundacionmamanimamani.com | 30 Min.*

MERCADO DE LAS BRUJAS

Der „Hexenmarkt" wird seinem Ruf gerecht: Kräuter, Amulette und andere Glücksbringer, z.B. getrocknete Lamaembryos, die Glück bringen sollen, wenn sie bei Neubauten eingemauert werden. Noch wuseliger wird es in der Calle Illampu und im Gebiet darüber: Hier schneiden Frisöre ihren Kunden die Haare auf der Straße, Träger schleppen schwere Lasten, Handwerker schleifen Messer, flicken Schuhe und reparieren Uhren. Musik dudelt, es riecht nach 100 Gerüchen aus den Garküchen, und an 1000 Ständen bekommst du alles, findest aber selten das, was du suchst. Rein ins Getümmel also, am besten ohne Plan – lass dich einfach treiben! *Calle Linares/Sagárnaga | tgl. 9–19 Uhr*

INSIDER-TIPP Marktbummel für Profis

MUSEO DE LA COCA

Und noch ein Museum rund um die indianische Kultpflanze – mit Erläuterungen zur Geschichte des Anbaus über die Nutzung der Blätter bis hin zur Herstellung von Kokain für den Drogenkonsum westlicher Zivilisationen. *Calle Linares 906 | Mo–Sa 10–19, So bis 15 Uhr | Eintritt 15 Bs | cocamuseum.com | 45 Min.*

MUSEEN AN DER CALLE JAÉN

Der Weg zu dieser hübschen Kolonialgasse (Ecke Pichincha) lohnt fünffach: Im *Museo Costumbrista Juan de Vargas (Calle Sucre/Jaén)* sind u.a. Keramikarbeiten verschiedener Epochen ausgestellt. Die hier gelöste Eintritts-

karte *(20 Bs)* gilt noch für drei weitere Museen *(alle Di–Fr 9.30–12.30, 15–19, Sa/So 9–13 Uhr)*: für die *Casa de Murillo (Calle Jaén 790)*, das restaurierte Wohnhaus des 1810 hingerichteten Freiheitskämpfers Don Pedro Domingo Murillo; für das *Museo de Metales Preciosos (Jaén 777)*, auch *Museo de Oro* (Goldmuseum) genannt, sowie für das *Museo del Litoral Boliviano (Jaén 189)*, wo des Pazifischen Krieges von 1879 gedacht wird.

MUSEO NACIONAL DE ARQUEOLOGÍA TIWANAKU

In diesem archäologischen Museum sind neben Schätzen aus der Inkazeit vor allem die kostbarsten Funde aus Tiwanaku ausgestellt, u.a. doppelgesichtige Figuren, Utensilien für Zeremonien und operierte menschliche Schädel. *Calle Tiwanaku 93/Zuazo | Mo–Fr 9.30–12.30, 15–19, Sa 10–12 Uhr | Eintritt 20 Bs, Do Eintritt frei | 45 Min.*

MUSEO NACIONAL DE ARTE

Werke der bekanntesten Maler Boliviens haben in dem prachtvollen Barockbau einen schönen, würdevollen Rahmen gefunden. Der bedeutendste ist Melchor Pérez de Holguín (1660–1732) aus Potosí. *Calle Comercio/Socabaya, Plaza Murillo | Di–Sa 9–12.30 und 15–19, So 10–13.30 | Eintritt 20 Bs | 1 Std.*

MUSEO NACIONAL DE ETNOGRAFÍA Y FOLKLORE (MUSEF)

Die ganze ethnische Vielfalt Boliviens und seinen kulturellen Reichtum spiegelt dieses sehenswerte Museum wider; mit guter Mediathek. *Calle Ingavi 916, Ecke Jenaro Sanjinés | Mo–Fr 9.30–12.30, 14.30–18.30, Sa 9–12.30 Uhr | Eintritt 15 Bs | musef.org.bo | 45 Min.*

TELEFÉRICO

Mit dem größten städtischen Seilbahnprojekt der Welt (über 30 km Länge) verbinden sich Welten. In nur zwei Minuten werden z.B. die 1200 m Höhenunterschied zwischen der schicken Zona Sur im südlichen La Paz und der ärmeren Nachbarstadt El Alto überwunden. Zzt. gibt es zehn Linien, weitere sollen folgen. *Tickets 3 Bs | Mo–Sa 6–23, So 9–21 Uhr | miteleferico.bo*

J11

Das Häusermeer von La Paz zieht sich die Berghänge hinauf

VALLE DE LA LUNA

Bizarre Erd- und Steinspitzen erzählen im „Mondtal" von den nagenden Kräften der Erosion. *Stadtteil Mallasa | tgl. 9–18 Uhr | Eintritt 15 Bs* J11

ESSEN & TRINKEN

ÁNGELO COLONIAL

Anziehungspunkt für Hungrige, die es plüschig und gemütlich lieben. Auch Vegetarier kommen hier auf ihre Kosten. *Tgl. | Calle Linares 922 (Hinterhof, 1. Stock) | Tel. 02 215 96 33 | €€*

CAFÉ CIUDAD

Alteingesessen, aber nicht altbacken: Hier treffen sich immer noch gerne und oft Menschen, um zu jeder Tageszeit etwas zu futtern. Lage ist top, Essen typisch und die Deko auch schön, mit alten Fotos an den Wänden. *Tgl. | Plaza del Estudiante/Batallón Colorados | Tel. 02 244 18 27 | €*

LA COMÉDIE

Charmantes Kunstcafé und netes Restaurant in einem, das von dem Franzosen Bernard geführt wird. Gute Küche, originelle Einrichtung. *Mo–Fr ab 12, Sa/So ab 19 Uhr | Pasaje Medinacelli 2234 | Sopocachi | Tel. 02 242 35 61 | facebook: La Comedie | €€–€€€*

LA GAITA

INSIDER-TIPP
Der frühe Vogel fängt die Salteña

Mjam, so leckere Salteñas (gefüllte Teigtaschen, ähnlich wie Empanadas) findest du nicht überall. Darum lieber vor 12.30 Uhr kommen, sonst sind sie ausverkauft! Samstags gibt's hier auch Frühstück, aber Obacht: keine Salteñas. Mittagsmenü 27 S/. *Mo–Sa 8–22, So 8–16 Uhr | Potosí 1361 | €*

EL GUSTU

Moderne Gerichte nach traditionellem Vorbild und mit regionalen Zutaten direkt vom Erzeuger. Die Betreiber sind sozial engagiert und haben eine eigene Lebensmittelmarke: *Q'atu. Calle 10 Nr. 300 | Calacoto | Tel. 02 211 74 91 | gustu.bo | €€€*

MANANTIAL

Mehr vegetarisches Essen bekommt man nirgendwo für sein Geld. Hervorragende Mittagsmenüs im Kantinenstil. *So geschl. | La Paz 129 | €*

SHOPPEN

Im Gebiet der Calles Sagárnaga und Linares reihen sich Kunsthandwerksläden. Fair gehandeltes Kunsthandwerk ist bei *Ayni Bolivia (Av. Illampu 704 | Hotel Rosario | aynibolivia.com/*

Auf den Märkten von La Paz gibt es schöne, farbige Webarbeiten zu kaufen *shop)* erhältlich. Auf Webarbeiten spezialisiert ist die Produktionsgenossenschaft *Comunidad de Productores de Artesanías (Comart Tukuypaj | Linares 958)*. Im Stockwerk drüber befindet sich ein Laden der indigenen Organisation *Inca Pallay (So geschl. | incapallay.org)*. In der Calle Illampu findst du zwischen Sagárnaga und Santa Cruz zahlreiche Anbieter von Trekkingkleidung. Reiseführer und Kartenmaterial bekommt man beim Schweizer Christian Menn im *Andean Base Camp (Illampu 863 | Tel. 02 246 37 82)*. Dort kann man auch Bergausrüstung leihen. Schokolade der Kleinbauernvereinigung El Ceibo, die ihre fair gehandelten Produkte auch in Deutschland verkauft, ist in Bioqualität im Laden in der Calle Potosí und in sechs weiteren Läden zu bekommen *(zw. Socabaya und Ayacucho | Sa/So geschl. | elceibo.org)*. Eine gut sortierte Buchhandlung mit englischen Magazinen ist *Los Amigos del Libro (Calle Ballivián 1275 | Mo–Fr 9–19, Sa 9–13 Uhr | facebook: Los Amigos del Libro)*.

INSIDER-TIPP
Schoki fair-zehren

SPORT & SPASS

MADNESS ADVENTURES

Erfahrener Veranstalter von Mountainbiketouren auf der abenteuerlichen Piste mit dem bezeichnenden Namen *Carretera de la Muerte* („Straße des Todes") nach Coroico. Bietet auch Abenteuertouren (Rafting, Canopy, Trekking) von der eigenen Lodge *Las Cascadas* auf halber Strecke zwischen Coroico und Caranavi aus an. *Calle Sagárnaga 339 | Tel. 02 239 18 10 | madness-bolivia.com*

WELLNESS

HOTEL EUROPA

In dem edlen Hotel kannst du auch als Nichtgast gegen ein Entgelt Sauna und Pool nutzen. *In der Nähe des Prado. 110 Zi. | Calle Tiahuanacu 6 | Tel. 02 231 62 25 | hoteleuropa.com.bo*

HOTEL OBERLAND

Im schicken Ökohotel, geführt von einem Schweizer, kannst du für 30 Bs den Swimmingpool (geheizt) nutzen und für 40 Bs Sauna und Jacuzzi dazu. Außerdem gibt's hier einen großen Garten und die höchstgelegene Beachvolleyball-Anlage der Welt. *Mallasa, zw. Calle 2 u. 3 | Tel. 02 274 50 40 | h-oberland.com*

VERANSTALTER

ROBERT RAUCH

Der deutsche Bergführer und Trekkingspezialist bietet Individualtouren in die Anden und in den Regenwald sowie Sportkletterkurse an. *Calle 14, Nr. 12 B, Obrajes | Handy 73 56 85 54 | rauchrobert@hotmail.com*

SÜDAMERIKA TOURS

Das bolivianische Büro der Agentur von Thomas Wilken, der auch einen Wanderführer zu Bolivien geschrieben hat. Individuelle Touren im ganzen Land. *Calle 35A, Nr. 3, Cota Cota | Handy 725 28 77 20 | suedamerika tours.de*

Steinfigur in Tiwanaku

AUSGEHEN & FEIERN

BAR TTKOS

Bar mit Reggaeflair (Di), angesagter Livemusik und einem breiten Angebot an Getränken in höhlenartigem Ambiente. Unbedingt den Hauscocktail Tutuma (auf Papaya-Basis) probieren, der in einem Holzgefäß mit Strohhalmen für alle serviert wird! *Di–Sa 20–4 Uhr | Calle México 1553 | Handy 70 55 89 06*

INSIDER-TIPP
Hoch die Tassen!

DIESEL NACIONAL

Die coolste Bar der Stadt. Alles recycled, alles originell und ab 22 Uhr beste Stimmung. *Mo–Sa ab 19 Uhr | Av. 20 de Octubre 2271 | Handy 70 15 54 05 | dieselnacional.com*

FORUM

Lateinamerikanische Rhythmen und die neueste Mode sind hier anzutreffen. Dresscode *Upscale Casual!* Tanzflächen auf zwei Ebenen. *Di–Fr 16–1 Sa 22.30–3 Uhr | Calle Víctor Sanjinés 2908 | Handy 77 71 71 78*

MALEGRÍA

Donnerstags um Mitternacht reisst's dich hier vom Hocker, wenn die afrobolivianische Gruppe *Saya's* ihre Trommeln rausholt. Essen kann man hier nur Pizza, aber die ist fabelhaft und es gibt sie bis 2 Uhr nachts. Ausweis (Kopie genügt) mitbringen, weil alle Gäste am Eingang kontrolliert werden. *Do–Sa | Eintritt frei | Gustavo Medinacelli 2282 (kleine Gasse) | Sopocachi | Handy 70 11 84 44 | malegriabar.com*

INSIDER-TIPP
Hau drauf!

RUND UM LA PAZ

1 TIWANAKU ★

72 km/1½ St. von La Paz mit dem Minibus

Gleich außerhalb von La Paz und nur 20 km vom Ufer des Tititacasees entfernt liegt die Ruinenstätte Tiwanaku (oder Tiahuanaco; ca. 600 v. Chr.–200 n. Chr.). Die präkolumbische Stadt gilt als Wiege der südamerikanischen Kulturen. Zu sehen sind die Reste des Sonnentempels *(Kalasasaya)* mit Sonnentor und Monolith-Gottheiten, außerdem ein Tempel mit 175 Steinköpfen. Zum Komplex gehören das *Museo Litico Monumental* und das *Museo Convencional* mit Grabungsfunden der Ruinenstätte. *Tgl. 9–17 | Eintritt 100 Bs | 1½ Std.*

INSIDER-TIPP
Zug um Zug

An jedem zweiten Sonntag des Monats fährt ein Zug um 8 Uhr von El Alto nach Guaqui am Titicacasee und zurück. Der Zug hält für zwei Stunden in Tiwanaku zur Besichtigung der Ruinen und erreicht Guaqui am Titicacasee gegen 13.20 Uhr. Zurück geht es von dort um 16 Uhr, Ankunft in El Alto ist gegen 18.20 Uhr. Tickets online oder bei *Empresa Ferroviaria Andina FCA (Calle 1 – Juan de Dios Delgado 156, Ecke Avenida Tomasa Murillo | Achumani | Tel. 02 2184555 | fca.com.bo).* J11

2 TITICACASEE

80 km/1½ Std. von La Paz mit dem Bus

Malerisch flankiert von der schneebedeckten Königskordillere breitet sich nördlich von La Paz der Titicacasee aus, der höchstgelegene (3812 m) und größte (8500 km^2) schiffbare Hochlandsee der Welt. Seehafen ist auf peruanischer Seite *Puno,* auf bolivianischer *Huatajata.* Hier starten Tragflügelboote *(hydrofoil)* zur *Isla de la Luna* (Mondinsel), auf der ein Jungfrauentempel der Inkas zu besichtigen ist, sowie zur *Isla del Sol* (Sonneninsel). Der Legende nach sollen sich von ihr die Inka-Ureltern Manco Capac und Mama Ocllo nach Norden aufgemacht haben, um Cuzco zu gründen. Betreiber der Tragflügelboote ist *Crillon Tours (Av. Camacho 1223 | La Paz | Tel. 02 2337533 | titicaca.com).* In Huatajata errichtete die Agentur dazu das *Inca Utama Hotel & Spa (60 beheizte Zi. | Tel. 02 2116481 | €€)* und den *Andean Roots Cultural Complex,* ein Freilichtmuseum zur andinen Kultur. Zum Komplex gehören das *Altiplano Museum,* das über Geschichte und Brauchtum Boliviens informiert, und das Freilichtmuseum *Andean Eco Village,* in dem u.a. die typischen Binsenboote des Titicacasees ausgestellt sind. H–J 10–11

3 COPACABANA

158 km/3–4 Std. von La Paz (Bus)

Hauptattraktion des Wallfahrtsorts am Südufer des Titicacasees ist die maurisch wirkende *Basílica Copacabana (Di–So 9–13, 14–18 Uhr)* aus dem 17. Jh. mit ihrer aus Agavenholz geschnitzten *Virgen Morena del Lago.* Copacabana ist Ausgangsort für Bootstouren zur Sonnen- und Mondinsel *(tgl. Abfahrten 8.30 oder 13.30 Uhr zum Südteil der Insel – der Norden darf nicht betreten werden –, Rückfahrt um 10.30, 15 und 16 Uhr | Halbtagsausflug 15 Bs, Ganztagestour 20 Bs).* Auf den Inseln und der Halbinsel Yampupata kann man bei Einheimischen übernachten, die sich im *Centro de Promoción de la Red APTHAPI (6 de Agosto/16 de Julio, Plaza Sucre | Handy 77299088 | titicacaturismo.com)* zusammengeschlossen haben. H11

4 ORURO

240 km/4 Std. von La Paz (Bus)

Die südlich von La Paz gelegene ehemalige Silber- und Zinnstadt (gegründet 1606) ist gut mit dem Bus zu erreichen. Zum Karneval sollte man die Umzüge, die berühmte *Diablada,* nicht versäumen (rechtzeitig Zimmer reservieren!). Im Zentrum findest du im ehemaligen *Palast des Zinnbarons Simon Patino (Soria Galvarro/Ayacucho | Mo-Fr 8–12 und 15–18, Sa 9–15 Uhr | | Eintritt 15 Bs | 2 Std.)* eine Sammlung von Möbeln der Epoche, Antiquitäten, Fotografien und wechselnde Kunstausstellungen. Sehenswert ist auch das *Museo Minero del Socavón (tgl. 9–12, 15–18 Uhr | Eintritt 10 Bs | 3–4 Std.),* ein Bergwerksmuseum an der Plaza del Folkore. Von Oruro werden Tagesausflüge zur *Laguna Uru Uru* (Flamingos) und zum *Poopó-See* angeboten; viermal wöchentlich *(Di, Fr Expreso del Sur | So, Mi Wara Wara del Sur | fca.com.bo)* startet ein Zug nach Uyuni. *K12*

5 COCHABAMBA

385 km/7 Std. von La Paz mit dem Bus oder 1 Std. mit dem Flugzeug

Die viertgrößte Stadt Boliviens (600 000 Ew., 2558 m) ist ein Drehkreuz für den Inlandsflugverkehr. Zwischenaufenthalte kann man nutzen, um einen Blick in den schmucken *Palacio de Portales* zu werfen, den Zinnkönig Simón Patiño erbauen ließ. Heute residiert hier das Kulturzentrum *Simón I. Patino (Di–Fr 15–18.30, Sa/So 10–12 Uhr | Av. Potosí 1450, zw. Portales u. América | Ausstellungen und Garten frei, Palacio 20 Bs);* Ausstellungen finden unregelmäßig statt. Cochabamba ist außerdem Ausgangspunkt für Ausflüge in den *Nationalpark Tunari* im Norden und in den *Nationalpark Torotoro* im Süden (138 km, halber Weg nach Sucre). *K11*

6 COROICO

110 km/2 ½ Std. von La Paz mit Auto oder Bus

Diese Tour ist ein atemberaubendes Erlebnis: Der 110 km lange Tagesausflug von La Paz führt beim Pass *Abra La Cumbre* bis auf eine Höhe von 4650 m und dann auf schwindelerregend enger Bergstraße wieder hinab in die tropischen Täler *(Yungas)* am Ostrand der Kordillere nach *Coroico* (1750 m). Hier herrscht ewiger Frühling, hier gedeihen Coca- und Kaffeesträucher, Orangen und Bananen, und hier gibt es ein paar gute Hotels: z. B. die Ökolodge *Sol y Luna (13 Zi. | Comunidad Apanto, Calle s/n, ca. 1 km östl. des Ortszentrums | Tel. 02 244 48 84 (La Paz) | solyluna-bolivia.com | €)* mit lauschigem Garten, Hängematten und zwei kleinen Pools unter deutscher Leitung.

INSIDER-TIPP Schöner chillen

Ein nettes Gartencafé unter schweizerisch-bolivianischer Leitung ist das *Villa Bonita (Calle Heroes del Chaco | Handy 71 91 82 98 | €).* Hier gibt's mittwochmorgens Yoga. Die Agentur *Yungas Adventure Travel, YAT (Gaspar Jurado 200 | Tel. 02 272 32 16 | yatbolivia.com)* bietet Trekking- und Biketouren an. *J11*

7 RURRENABAQUE/MADIDI

420 km/9–10 Std. von La Paz mit dem Bus oder 45 Min. mit dem Flugzeug

Rurrenabaque, lange Zeit ein unbekanntes Urwaldnest im nördlichen

Die Straße von La Paz nach Coroico ist nichts für schwache Nerven

Tiefland an der Grenze zu Peru, ist heute das Tor zum Nationalpark *Madidi* und mit La Paz durch Flüge verbunden. Der 1,8 Mio. ha große Nationalpark wurde 1995 geschaffen. Als Lebensraum z.B. für über 1000 Vogelarten kann er sich durchaus mit dem weit bekannteren Nationalpark *Manu* in Peru messen. *H–J 9–10*

SUCRE

(L12) **Die schönste Stadt Boliviens und offiziell die Hauptstadt. Mit ihren restaurierten Kolonialbauten und weißen Kirchen breitet sich ★ Sucre auf einer sonnigen Andenterrasse in 2790 m Höhe aus.** Sucre (400 000 Ew.) strahlt das weltoffene Flair einer alten Universitätsstadt (seit 1624) aus und ist Sitz des Obersten Gerichtshofs. Zentrum ist die von Studenten belebte *Plaza 25 de Mayo* mit dem Denkmal von General José Antonio de Sucre. Nach ihm wurde die 1538 als Ciudad de la Plata de Nuevo Toledo gegründete Stadt nach der Unabhängigkeit 1828 benannt – war sie doch ein Zentrum des Unabhängigkeitskampfes und Sucre ihr Held.

SIGHTSEEING

CONVENTO MUSEO LA RECOLETA

Im 1601 gegründeten Franziskanerkonvent kannst du das 1000-jährige Chorgestühl aus Zedernholz und schöne Innenhöfe bewundern. Vom Vorplatz bietet sich ein phantastischer Blick über die Dächer der Stadt. *Plaza Pedro Anzures | Mo–Fr 9–11.30,*

14.30–16.30 Uhr | Eintritt 15 Bs | 30 Min.

IGLESIA LA MERCED

Der Johannesaltar gehört zu den ältesten Renaissancearbeiten in Bolivien: die Kanzel ein Meisterwerk der Schnitzkunst im Mestizenstil. Über den Glockenturm kannst du aufs Dach hinaufsteigen und über die Stadt blicken. *Nicolás Ortiz/Azurduy | Mo–Fr 10–12, 15–17, Sa 10–12 Uhr | Eintritt 10 Bs | 30 Min.*

KATHEDRALE/KAPELLE VIRGEN DE GUADELUPE

Die Kathedrale (1551–1633) beeindruckt durch ihre barocke Fassade und ihren mit Keramikfiguren geschmückten Glockenturm. Die Kapelle *Virgen de Guadelupe* (1616 und 1625 angebaut) birgt die wertvollste Marienstatue Boliviens: Ihr Umhang ist mit Diamanten, Smaragden und Perlen besetzt. Im angeschlossenen Museum sind weitere Kostbarkeiten zu sehen. *Plaza 25 de Mayo | Mo–Fr 10–12, 15–17, Sa 10–12 Uhr | Eintritt 20 Bs | 1 Std.*

INSIDER-TIPP
Man muss ja zeigen, was man hat

MUSEO NACIONAL DE ETNOGRAFÍA Y FOLKLORE (MUSEF)

Ableger des *MUSEF* in La Paz. Auch hier gibt es die ganze ethnische Vielfalt Boliviens zu sehen. *Calle España 74 | Mo–Fr 9.30–12.30, 14.30–18.30, Sa 9–12.30 Uhr | Eintritt frei | musef.org.bo | 1 Std.*

SAN LÁZARO/IGLESIA SAN FRANCISCO

Nach der 1538 erbauten Kirche San Lázaro *(Calvo, zw. Padilla und Oruro)* ist die 1581 erbaute Kirche San Francisco die zweitälteste der Stadt. Ihre maurische Holzdecke erstrahlt in Rot, Blau und Grau; die Decke über dem Altar ist mit Blumen ausgemalt. *Ravelo/Aniceto Arce | tgl. 15–19.30 Uhr | Eintritt frei | 30 Min.*

ESSEN & TRINKEN

EL HUERTO

Gutes Restaurant, schön in einem Garten gelegen. Die Portion sind so groß, dass du sie getrost mit jemandem teilen kannst. Großes Salatbüffet. *Tgl.*

12–15, Mi–Sa auch 18.30–22 Uhr | Ladisllao Cabrera 86 | Tel. 04 645 15 38 | elhuertorestaurante.net | €–€€

KULTUR CAFÉ BERLIN

In der freundlichen deutsch-bolivianischen Begegnungsstätte wird ein solides Mittagessen serviert. *So geschl. | Calvo 217 | Tel. 04 645 20 91 | icba-sucre.edu.bo | €*

AUSGEHEN & FEIERN

GOBLIN BAR AND MICROBREWERY

Hast du Lust auf leckers selbstgebrautes, bolivianisches Bier in netter Atmosphäre? Dazu gibt's auf Wunsch eine deftige Wurst- oder Käseplatte, die dich garantiert satt macht. *Do–Sa ab 20 Uhr | Calle Grau 246 | Handy 73 03 57 22 | facebook: Goblin Cerveza Artesanal*

JOY RIDE CAFÉ

Tagsüber Restaurant, abends *der* Treffpunkt der Stadt. Italienisch geführt, beste Küche, schönes Ambiente mit Sitzplätzen draußen. *Calle Nicolas Ortiz 14 | tgl. 7–2, Küche bis 24 Uhr | Tel. 04 642 55 44 | facebook: Joy Ride Café*

RUND UM SUCRE

8 CAL ORCKO'O/PARQUE CRÉTACICO

5 km/10 Min. von Sucre mit dem Taxi

Cal Orcko'o heißt der Kalkhügel mit dem 1998 entdeckten größten Spurenfeld der späten Kreidezeit (vor 68–65 Mio. Jahren). Insgesamt umfasst es 5055

INSIDER-TIPP
Wo die Dinos stapften

Geschlossenes koloniales Ensemble: Blick auf die Altstadt von Sucre

In der Umgebung des Salar de Uyuni sind auch Geysire aktiv

Dinosaurierspuren acht verschiedener Arten. Das Gelände gehört zur Zementfabrik FANCESA und darf nicht direkt betreten werden (Fernglas mitnehmen!). Dafür entschädigt der nur etwa 300 m weiter gelegene *Kreidezeit-Park (Parque Crétacico)* mit Sauriernachbildungen. *Mo–Fr 9–17, Sa/So 10–17 Uhr, Führungen zu den Spuren um 12 und 13 Uhr | Eintritt 30 Bs | parquecretacicosucre.com | 3–4 Std. | L12*

9 TARABUCO

63 km/1½ Std. von Sucre mit Bus oder Taxi

INSIDER-TIPP
Marktgestöber und Holzklompen

Der Ausflug in das Dorf lohnt sonntags, wenn die Tarabuqueños Markt haben. Ihre Tracht gehört zu den eigentümlichsten des Landes: Zum roten Poncho werden Lederkappen und Holzschuhe getragen. Ihre Musik und Tänze führen sie am 12. März zum Phujllay-Fest vor. *L12*

10 POTOSÍ ★

165 km/3½ Std. von Sucre mit dem Bus

... und die einst reichste Stadt des Kontinents und heute noch höchste der Welt ist erreicht: Sie liegt auf 4070 m am Fuß des Cerro Rico. Diesem „reichen Hügel" verdankt sie ihre Gründung (1545), denn damals entdeckten die Spanier seine ergiebigen Silberadern. Heute leben immer noch viele der 250 000 Einwohner vom Silberschürfen in Kooperativen – eine harte, gefährliche und kaum einträgliche Arbeit. An den alten Reichtum erinnern noch ein Dutzend reich verzierter Barockkirchen und viele Kolonialhäuser. Die Stadtgeschichte ist in der *Casa Real de Moneda (Ayacucho, zw. Quijarro u. Bolívar | Di–Sa 9–10.30, 14.30–17.30, So 9–10.30 Uhr | 40 Bs inkl. Führung | 1 Std.)* dokumentiert. Ein ungewöhnliches Restaurant, das *Ingenio San Marcos (tgl. ab 12 Uhr | Calle Betanzos/ La Paz | Tel. 02 622 67 17 | €–€€)*, residiert in einer ehemaligen Silberraffinerie, aus der gleichzeitig ein Museum wurde. *K13*

INSIDER-TIPP
An der Silbertafel speisen

11 SALAR DE UYUNI ★

200 km/3 Std. von Potosí mit dem Bus

Sonnenbrille und schützende Kleidung braucht, wer sich das „weiße Meer", die mit 12 000 km² größte Salzfläche der Erde, ansehen will. Der *Salar de Uyuni* (3660 m hoch) ist der versalzte Rest eines vor Jahrmillionen ausgetrockneten Binnenmeers. Mehrtagestouren führen zu weiteren Lagunen und Salzseen, an denen z.T. Flamingos leben. Drei- bis viertägige Jeeptouren auf dem Salar und zu den umliegenden Lagunen, Vulkanen und Geysiren (beste Zeit Juli–Nov.) bietet *Fremen Tours (andes-amazonia.com, frementours.com.bo/es)*. *J13*

SANTA CRUZ DE LA SIERRA

(M12) **Die Hauptstadt der gleichnamigen Provinz ist mit über 2 Mio. Einwohnern die größte Stadt des Landes, und – durch große Erdöl- und Erdgasvorkommen in ihrer Region – außerdem die reichste.**

Gegründet wurde sie 1561 von Ñuflo de Chaves, der sie nach seinem Heimatdorf in der Extremedura (Spanien) benannte. Wegen Konflikten mit den Einheimischen wurde die Stadt 1592 an die heutige Stelle verlegt. Am altem Standort entstand später die Jesuitenmission *José de Chiquitos*. Den Urlauber lockt sie mit tropisch-heißem Klima, einem lebhaften Zentrum sowie mit interessanten Ausflügen: zu den ehemaligen Missionsdörfern in der Chiquitanía *(s. S. 148)*, in die artenreichen Nationalparks *Amboró* und *Noel Kempff Mercado* oder zur Festung *Samaipata* mit einer Tour auf den Spuren des Revolutionärs Che Guevara. *gmsantacruz.gob.bo*

SIGHTSEEING

MUSEO DE HISTORIA NATURAL NOEL KEMPFF MERCADO

Ein Muss für alle Naturfreunde und diejenigen, die den Nationalpark besuchen wollen, der – wie das Museum – den Namen seines ermordeten Gründers Noël Kempff Mercado trägt. Das

WOHIN ZUERST?

Fahr mit dem Taxi zum Museo de Historia Natural Noël Kempff Mercado, und erfahre hier mehr zu den verschiedenen Ökosystemen des gleichnamigen Nationalparks – ein Muss für Landschaftsfreunde und unabdingbar für den Besuch des Parks!

Museum ist Teil der Autonomen Universität *Gabriel Rene Moreno* und führt hervorragend ein in die verschiedenen Ökosysteme des 1,5 Mio. ha großen Nationalparks. Auch bekommt man hier gute Empfehlungen für einen Besuch des Parks. *Av. Irala 565 | zw. Velasco und Independencia 7 | Mo–Fr 8–12 und 15–18.30 Uhr | Eintritt 1 Bs | Tel. 03 3 37 12 16 | museonoel kempff.org | ⏲ 3–4 Std.*

ESSEN & TRINKEN

EL ARRIERO

Für Fleischfreunde: Steaks nach argentinischem Vorbild. *Mo–Sa 12–15, 19–23.30, So 12–15.30 Uhr | Av. San Martín/Calle 4 Este | Tel. 03 333 16 94 / facebook: El Arriero | €€*

BISTRO LA CASONA

Nettes und gutes kleines Restaurant unter deutscher Leitung. Wenn dir der Sinn nach Weißwurst, Gulasch und Grillhaxe steht, bist du hier richtig. *Mo–Sa 11.30–24 Uhr | Calle Arenales 222 | Tel. 03 3 37 84 95 | bistrolacasona.com | €*

TÍA LIA

Beste brasilianische Küche, natürlich mit der unentbehrlichen Caipirinha als Auftakt. *Tgl. 11–15 Uhr | Calle Murillo 40 | Tel. 76 80 92 29 | €–€€*

SHOPPEN & STÖBERN

Die Innenstadt quillt über von Läden mit aus Argentinien und Brasilien importierter Mode. Markenartikel findet man im *Shopping Bolívar*, Kunsthandwerk auf dem *Mercado (Calle Mercado/Vallegrande).*

AUSGEHEN & FEIERN

CENTRÓSFERA PUB

Elektromusik und gute Drinks. *Mi–Sa ab 19 Uhr | Calle Independencia/Mercado | Tel. 03 335 67 44 | €–€€*

LODGES & AUSFLÜGE

RUTA VERDE

Die Agentur unter holländischer Leitung (man spricht Deutsch) bietet Ausflüge in die Nationalparks Amboró, Noël-Kempff und Madidi an; außerdem Kreuzfahrten auf einem Dschungelfluss im Amazonasgebiet. *Calle 21 de Mayo 318 | Tel. 03 339 64 70 | rutaverdebolivia.com*

RUND UM SANTA CRUZ DE LA SIERRA

12 PARQUE NACIONAL AMBORÓ

85 km/2½ Std. von Santa Cruz mit dem Bus

442 500 ha großer Nationalpark mit Cañons und Wasserfällen, 830 Vogelarten, Orchideen und Bromelien. Ein Infobüro befindet sich in Buena Vista. Eine gute Basis ist das 700 m außerhalb des Dorfes gelegene *Buena Vista Resort & Club (22 Zi. | Pool, Sauna, Ausflüge | Tel. 03 9 32 21 04 | buenavistahotel.com.bo | €€).* L–M 11–12

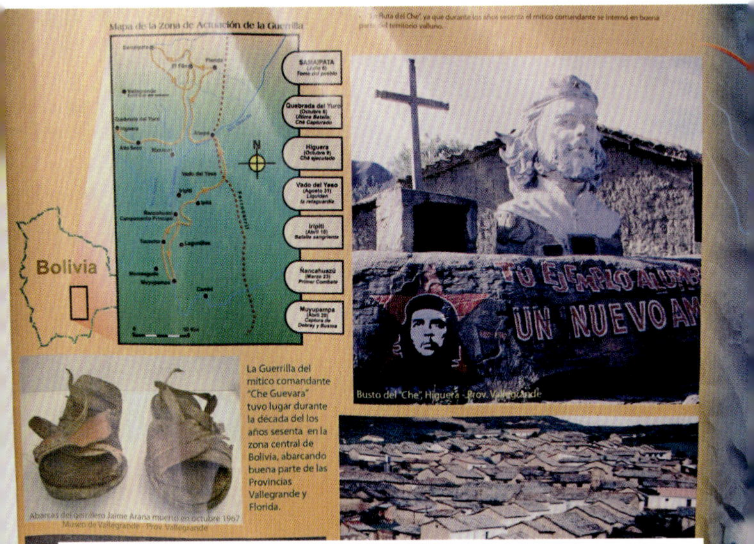

In Samaipata wird die Erinnerung an den Revolutionär Ernesto „Che" Guevara gepflegt

13 SAMAIPATA ★

120 km/2½ Std. von Santa Cruz mit Auto oder Sammeltaxi

Zwei bis drei Fahrstunden von Santa Cruz entfernt *(Sammeltaxis fahren von der Av. Grigota, Nähe 2. Ring, 1. Straße rechts, und von der Omar Chávez, Ecke Soliz de Holguín, ab)*, breitet sich auf 2000 m Höhe die Felsfestung Samaipata aus, eine Anlage aus der Inkazeit. Zum Gelände gehört ein Museum *(tgl. 9–17 Uhr | 30 Bs)*. Das Dorf Samaipata ist auch Teil der „Che-Guevara-Tour", da der Revolutionär hier 1965–67 Waffen erbeutete. In der Schule von La Higuera, die auch Teil der Tour ist, wurde der Revolutionär am 8.10.1967 gefangen genommen und am nächsten Tag hingerichtet. Auf der Biofarm *La Vispera* mit Pool und Gartencafé lässt es sich prima relaxen und übernachten *(5 Bung. | 1,5 km südwestl. vom Ortszentrum | Tel. 03 944 60 82 | lavispera.org | €)*. Empfehlenswert als Tourveranstalter ist *Nature Tours* von Michael Blendiger *(Calle Bolívar, gegenüber vom Museum | Tel. 03 944 62 27 | discoveringbolivia.com)*.

M12

SCHÖNER SCHLAFEN IN BOLIVIEN

STILLE NACHT, SALZIGE NACHT

Ein echtes Erlebnis ist die Übernachtung in dem in jeder Hinsicht ungewöhnlichen *Hotel de Sal (Colchani, 257 km von Uyuni | Handy 76 16 98 88, Tel. La Paz: 02 277 08 85 | lunasaladahotel.com.bo | €€)* im Norden des Salzsees Salar de Uyuni; es ist ganz aus Salz erbaut.

ERLEBNIS TOUREN

Lust, die Besonderheiten der Region zu entdecken? Dann sind die Erlebnistouren genau das Richtige für dich! Ganz einfach wird es mit der MARCO POLO Touren-App: Die Tour über den QR-Code aufs Smartphone laden – und auch offline die perfekte Orientierung haben.

1 HOCH HINAUF ZUR LAGUNE 69

- Zwei Hochgebirgsseen als Freizeitspots
- Bergtour in schwindelnde Höhen

Start: Yungay
Ziel: Yungay
16 km
1 Tag, reine Gehzeit ca. 7 Stunden
700 m
mittel

Kosten: Taxi von 1 **Yungay** zum Startpunkt der Wanderung und zurück ca. 33 Euro, Eintritt Nationalpark 3 Euro/Person

Zug von Cuzco ins Heilige Tal

Mitnehmen: Rucksack mit Regenbekleidung, Kopfbedeckung, Sonnenschutz, Wasserflasche, Verpflegung, gute Wanderschuhe
Achtung: Besucher-Registrierung am Kontrollhäuschen des Nationalparks (mit Reisepass!) tgl. 7–15.30 Uhr. Die Tour kann auch bei Veranstaltern in Huaraz gebucht werden, dann sind An- und Abfahrt im Service organisiert. Abholung am Hotel in Huaraz gegen 5.30 Uhr

SCHWARZBUNTE VOR VULKANKEGELN

Nach einem Frühstück in ❶ Yungay geht es los. Der Ort im Callejón de Huaylas wurde 1970 von einem Erdbeben fast komplett zerstört. Nimm dir ein Taxi und verabrede mit dem Fahrer, dass er nach deiner Wanderung gegen 17 Uhr an einem vereinbarten Punkt auf dich wartet. Sag ihm auch, dass du bei der Wanderung den Weg über das Refugio de Peru (s. u.) nimmst. Die Straße von Yungay zum ❷ Parque Nacional Huascarán ist holperig, hier wirst du gut durchgeschüttelt. *Die Fahrt dauert ca. 1 ½ Stunden.* Am Eingang zahlst du die Nationalparkgebühr und kannst, wenn du dich in Yun-

❶ Yungay
19 km
❷ Parque Nacional Huascarán
6,5 km

gay noch nicht versorgt hast, noch Getränke, Obst oder das frittiert-gebackene Brot *cachanga* kaufen. Entlang der Passstraße (Portachuelo) liegen im Hochtal dann die beiden Llanganuco-Seen. Der erste heißt ❸ **Chinancocha**, hier tummeln sich die meisten Tagestouristen, und hier findest du das meiste, was Touristenherzen begehren: Souvenirstände, Essenstände (Mais und Käse, Kartoffeln und Meerschweichen), Toiletten, Boote für eine Rudertour auf dem See und ein Lama für spontante Selfies mit Einheimischen. *Nach einem kurzen Stopp fahrt ihr weiter* zum ebenfalls tief türkisfarbenen See ❹ **Orcancocha**. Am Ufer stehen rot-braun leuchtende, sich schälende und windverbogene Queñuales-Bäume *(Polylepsis)*, die nur in großen Höhen wachsen und typisch für diese Region sind.

❸ Chinancocha
3 km

❹ Orcancocha
3,5 km

Nur wenige Fahrminuten weiter erreichst du ❺ **Cebollapampa** (3900 m), den eigentlichen Startpunkt der Wanderung. Der Trek beginnt in einem saftig grünen Tal, wo schwarz-weiße Kühe grasen. Es geht gemächlich voran, die ersten 3 km gibt es kaum Steigungen. *Achtung: Am Beginn des Tales gabelt sich der Weg, rechts geht es zur Lagune 69; sie ist ausgeschildert.* Nach ca.

❺ Cebollapampa
4,5 km

Bergsee mit schroffem Gebirgspanorama: die Laguna 69

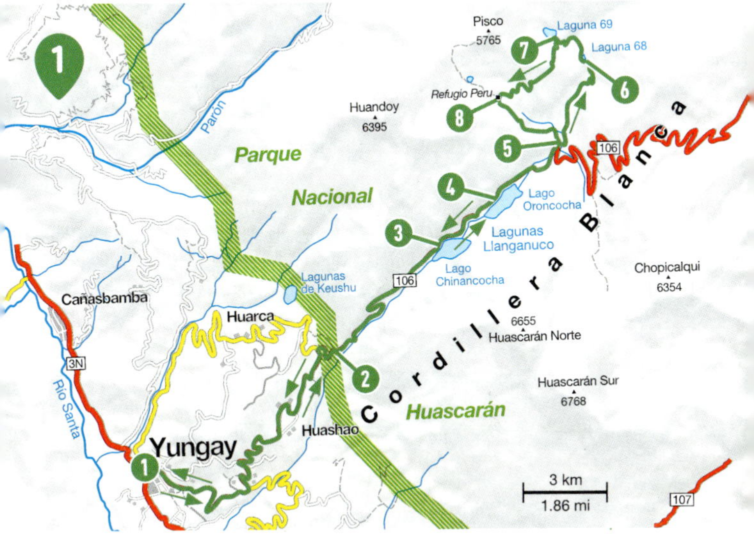

45 Minuten steigt der Pfad an, rechts und links sind kleine Wasserfälle zu sehen. Gigantische Felswände sind mit Flechten und Moos bewachsen, es riecht frisch wie in einer Naturdusche. Denk daran, genug zu trinken, denn du läufst bereits auf knapp 4000 m Höhe! Schau dich einmal um: Die gigantische Eisflanke des Huascarán (6768 m) ragt hinter dir empor.

BERGLANDSCHAFTEN VON KARGER SCHÖNHEIT

Nach etwa zwei Dritteln der Wanderung wirst du einen kleinen Bergsee entdecken. Das ist aber noch nicht die Lagune 69, sondern die 6 Lagune 68 (ob es wohl auch die Lagunen 1 bis 67 gibt?). Trotzdem ist das ein guter Ort, um mal kurz zu verschnaufen und ein paar Fotos von den Bergriesen um dich herum zu machen, die hoffentlich zu sehen sind. Das letzte Drittel des Wegs ist das anstrengendste, es geht Kurve um Kurve in karger Berglandschaft nach oben. Pflanzen siehst du hier oben fast gar nicht mehr, nur der ein oder andere Busch trotzt der Höhe. Und dann liegt nach der letzten Kurve der im Sonnenlicht glitzernde Bergsee, die 7 Lagune 69, vor dir, auf einer Höhe von 4630 m! Im Hintergrund ragen beeindruckende Kalksteinwände em-

6 Lagune 68

2 km

7 Lagune 69

INSIDER-TIPP
Picknick mit Aussicht

por, die in das Massiv des Chacraraju (6108 m) übergehen. Und jetzt: Füße ins Wasser (für die Mutigen) und Picknick (für alle)! Hier ist wohl einer der schönsten Orte, um es zu genießen.

4,5 km

Den Rückweg nimmst du über die Berghütte Refugio Peru. Dazu geh links weiter und folge dem gut sichtbaren Pfad bergan. Die Landschaft wird noch karger, dafür die Aussicht auf die Berge spektakulärer. *Nach der Passhöhe geht es auf geraden Wegen leicht bergab* zu der aus Feldsteinen gebauten Berghütte **8** **Refugio Peru**, in der Bergsteiger und -wanderer übernachten können. *Von der Berghütte ist der Weg dann einfach zu finden: den steilen Bergrücken hinunter und über Serpentinen zum Ausgangstal zurück.* Hier erwartet dich noch ein letzter Anstieg von 50 m bis zur Straße, wo dein Taxi auf dich wartet, das *dich zurück nach* **1** **Yungay** *bringt.* Dort kannst du den Tag bei einer leckeren gegrillten Forelle im Restaurant **Turistico Alpamayo** *(tgl. | Carretera Central LM 255 | €–€€)* ausklingen lassen.

8 Refugio Peru

36,5 km

1 Yungay

2 AUF SIEDLERSPUREN IN DIE ANDINE BERGWELT

- Schmetterlinge, Vögel und Orchideen
- Ein frisch gebrautes Pils im Urwald

Start: Tarma

Ziel: Pozuzo

250 km

3 Tage, reine Fahrzeit ca. 6 Stunden

Kosten: Mietwagen (Allrad) für 5 Tage (Ausleihstation Lima) ab 400 Euro, Übernachtung im DZ ca. 70 Euro/Nacht

Mitnehmen: warme Bekleidung fürs Hochland, atmungsaktive Bekleidung fürs Tiefland, Regen-, Sonnen- und Insektenschutz, Badesachen
Achtung: Die Fahrt durch den Nationalpark ❻ **Yanachaga Chemillén** ist in der Regenzeit (Dez.–März) oft durch Erdrutsche blockiert.
Miete auf jeden Fall einen geländegängigen Wagen wegen des letzten Streckenabschnitts von ❺ **Oxapampa** nach ❼ **Pozuzo.**

GRÜNE WÄLDER UND TROPISCHE HITZE

❶ Tarma

11 km

Von ❶ Tarma, auch Blumenhauptstadt Perus oder „Perle der Anden" genannt, geht es los. Die Stadt liegt auf 3058 m Höhe und 232 km nordöstlich von Lima (in 5–6 Std. erreichbar). Übernachte in der Hacienda La Florida *(18 Zi. | Ctra. Central, km 39, Tarma–Acobamba | Tel. 064 34 10 41 | haciendalaflorida.com | €€),* einer sagenhaft schönen Unterkunft mit Bauernhof-Charme und Ausblicken auf Berge und Felder.

TAG 1

❷ Señor de Muruhuay

64 km

Starte heute zum wichtigsten Heiligtum der Region, dem ❷ Señor de Muruhuay. *Es liegt 11 km von Tarma entfernt oberhalb des Ortes Acobamba, die Anfahrt ist ausgeschildert.* Die Kirche wurde erst 1972 gebaut, in ihr findest du das Heiligenbild des Herrn von Muruhuay, den die Menschen im Mai und Juni mit großen Festlichkeiten feiern. Weiter geht's dann auf der asphaltierten, ziemlich kurvigen Straße. Wenn du das Seitenfenster öffnest, merkst du es schon: Es wird wärmer, die Vegetation grüner und dichter. *Nach ca. 3 Stunden Fahrt erreichst du* ❸ La Merced, wo du im Chanchamayo Inn Hotel *(40 Zi. | Av. Fray Jerónimo Jiménez 308 | Tel. 064 53 23 01 | chanchamayoinnhotel.com | €€)* einchecken und gleich in den Pool springen kannst – genau das Richtige bei der tropischen Hitze! Zum Abendessen *fahr auf der Hauptstraße parallel zum Río Blanco, bis du nach 10 Minuten einen kleinen Tunnel durchfährst.* Dahinter befindet sich auf der rechten Seite das mit Palmblättern gedeckte, offene Restaurant

❸ La Merced

Von wegen karge Bergwelt: In der Gegend von Oxapampa sprießt es üppig grün

Tsinani *(€)*. Nimm dir einen Tisch mit Blick auf den Fluss und lass dir den frischen Fisch schmecken.

TAG 2

15 km

4 Mariposario Zhaveta

64 km

5 Oxapampa

Es wird warm heute, also kannst du deinen Alpakapulli im Koffer lassen! *Nach ein paar Minuten Fahrt kommst du zum* **4 Mariposario Zhaveta** *(Eintritt 5 S/.)*. Das Schmetterlingshaus ist voller Orchideen und Schmetterlinge in phantastisch vielen Farben und Formen. Nebenan gibt es noch eine kleine Auffangstation für Wildtiere. *Dann geht es weiter durch Kaffee- und Granadilla-Plantagen, in zwei Stunden nach* **5 Oxapampa**. Am Ende des Ortes findest du dein Hotel, die **Trapiche Lodge** *(14 Zi. | Av. San Martín | Tel. 063 46 20 49 | trapichelodge.com | €€)*, die gemütliche Zimmer in Holzhäusern bietet. Birdwatcher und Orchideenfreunde werden in der riesigen Gartenanlage das Paradies auf Erden finden, alle anderen auf jeden Fall einen schönen Ort zum Entspannen. Buch an der Rezeption für den Nachmittag einen Ausflug, der dich zum Rafting auf den Fluss Chontabamba und zu den **Höhlen von Tunqui** bringt. Später kannst du durch das Stadtzentrum schlendern, das nur 5 Minuten entfernt ist. Wenn die Sonne untergeht, leuchten die bunten Holzhäuser und die Holzkirche magisch schön.

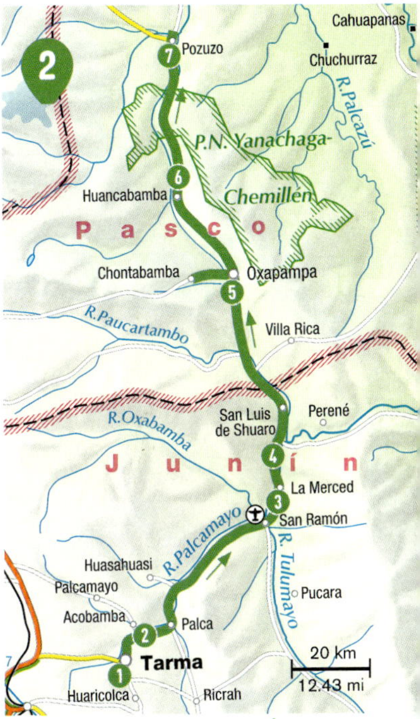

ABENTEUERLICHE STRECKE

Der letzte Tag wird vermutlich der anstrengendste. *Obwohl es nur knapp 90 km bis Pozuzo sind, dauert es zwei bis drei Stunden, bis du diesen fast vergessenen Ort erreichst. Nach 30 Minuten kommst du zunächst durch Huancabamba.* Ab dem Nationalpark **6 Yanachaga Chemillén** wird die Piste immer holpriger, aber ab hier beginnt auch der landschaftlich spektakulärste Teil der Strecke. Drei Wasserfälle, ein Aussichtspunkt mit Blick auf den Flussdurchbruch und ein Beobachtungspunkt für den roten peruanischen Nationalvogel Tunqui (Andenfelsenhahn) erwarten dich auf dieser Strecke.

Schließlich erreichst du **7 Pozuzo**, das von Tirolern und Rheinländern 1859 gegründet wurde. Die heute rund 1000 Bewohner leben von der Vieh- und Landwirtschaft. Ein gutes Mittagessen gibt's im **El Típico Pozuzino** *(Feb./März geschl. | Av. Los Colonos 571 | Tel. 063 28 75 05 | €)*, wo deutsch-österreichische Gerichte (Gulasch, Schnitzel, Kartoffelsalat) aufgetischt werden. Im **Parque La Colonia**, *nur 1 Minute vom Restaurant entfernt,* steht ein Nachbau eines der Schiffe, das die Auswanderer in die Neue Welt brachte.

TAG 3

45 km

6 Yanachaga Chemillén

44 km

7 Pozuzo

SPAZIERGANG IM EINWANDERERDORF

Am Nachmittag schaust du dir das **Museo Schafferer Pozuzo** *(Eintritt 3 S/. | Av. Los Colonos 220)* an, in dem du einen guten Eindruck von den harten Anfangsjahren der Siedler bekommst. *Schlender weiter die Avenida Los Colonos entlang* und schau bei der **Kirche** und dem **Friedhof** vorbei. Am Ortsende überquerst du die Kaiser-Wilhelm-Gedächtnisbrücke, eine Hängebrücke. *Auf der anderen Flussseite steigst du den Hügel hinauf,* um einen besseren Blick auf den Ort zu bekommen.

Auf dem Rückweg mach einen Stopp in der Cervecería Dorchén *(tgl. | Av. José Egg 150)*, der einzigen Dschungelbrauerei Perus, die nach Pilsener Art gebrautes Bier auftischt. Danach kannst du im natürlichen Flussbecken von Guacamayo im Ortsteil Prusia ein kühles Bad nehmen. Die Nacht verbringst du in der Albergue Nueva Patria *(6 Zi. | am Río Huancabamba, zw. Prusia und Pozuzo | Tel. 063 63 03 41 | €)*, bevor es am nächsten Tag zurück nach Lima geht.

INSIDER-TIPP
Urquell im Urwald

3 ZU DEN MISSIONEN DER JESUITEN IN BOLIVIEN

- Auf einsamen Pisten übers Hochplateau
- Filigran verzierte Holzkirchen im Niemandsland

Santa Cruz

Santa Ana

510 km

3 Tage, reine Fahrzeit ca. 10 Stunden

Kosten: Mietwagen (Allrad) für 4 Tage ab 340 Euro, Übernachtung im DZ mit Frühstück ca. 120 Euro/Nacht
Mitnehmen: Trinkwasser, Verpflegung, Badezeug
Achtung: Miete einen geländegängigen Wagen, da die Straße ab 2 **San Javier** nicht asphaltiert ist. Am 2. Oktoberwochenende sind zum Orchideenfestival alle Hotels in 4 **Concepción** ausgebucht; dann müsst ihr euer Hotel vorgebucht haben!

1 Santa Cruz
225 km

MIT ALLRANDANTRIEB IN DIE EINSAMKEIT

Nach dem Frühstück in Deinem Hotel in 1 Santa Cruz ➤ S. 105 fährst du zur Autovermietung und holst deinen Geländewagen ab. *Nimm die Ausfahrt Richtung San José de Chiquitos parallel zur Bahnstrecke und dann die erste Abzweigung nach Cotoca. Beim Ort Pai-*

Boliviens größte und wohlhabendste Stadt: Santa Cruz de la Sierra

lón geht es einspurig über die Bahnbrücke. Weiter fährst du in einer Linkskurve und durch Sojabohnenfelder und Baumwollplantagen durch die Mennonitensiedlungen Cuatro Cañadas, Los Troncos und San Julián bis zum Kreisverkehr von San Ramón. Hier fährst du auf die Straße 502 und folgst der Beschilderung nach San Javier. ❷ **San Javier** ist das älteste der Missionsdörfer (gegründet 1691) und hat schöne, alte Holzhäuser. Hinter der Kirche kannst du im Restaurant **Luigi** *(€)* gut zu Mittag essen. Dann geht es weiter in die barocke **Kirche**, die 1749–52 gebaut wurde, und ins **Museo Misional**, wo u. a. eine Sammlung originaler Musikinstrumente der Kirchenmusik der Jesuiten ausgestellt ist.

❷ San Javier

FELSEN, SAVANNE UND EIN SCHWIMMBAD

Spätestens um 16 Uhr solltest du weiterfahren, wieder auf der Straße 502. Nach ca. 30 km erreichst du eine der schönsten Felsformationen in der Chiquitanía, die ❸ **Piedras del Paquió**. Hier findest du Natur pur und ein Schwimmbad in der Nähe, in dem du dich wunderbar erfrischen kannst. Nach insgesamt zwei Stunden

35 km

❸ Piedras del Paquió

28 km

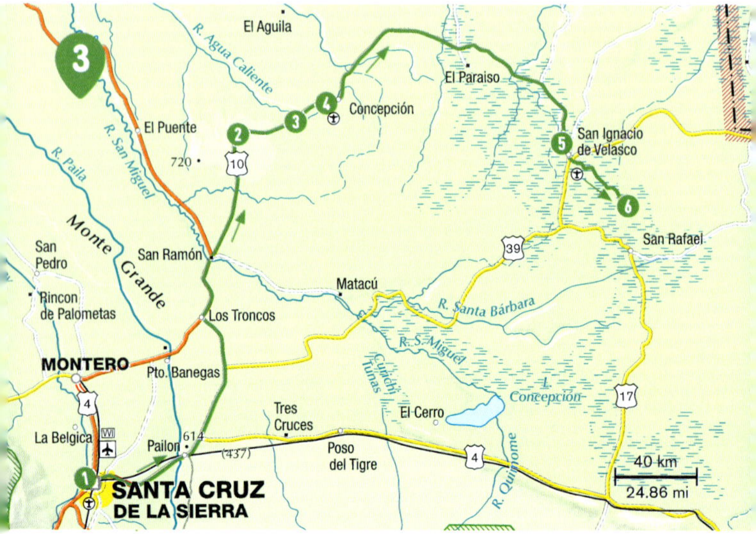

4 Concepción

Fahrt durch Savannenlandschaft kommst du nach 4 Concepción. Hier beginnt der Urwald. Im Gran Hotel Concepción *(20 Zi. | Calle Tte. Aurelio Roca Lladó | Tel. 03 9 64 30 31 | granhotelconcepcion.com.bo | €€)* findest du ein gemütliches Zimmer. Wenn du noch vor Sonnenuntergang im Ort bist, mach unbedingt noch ein Foto von der Kirche im untergehenden Licht – kitschig, aber schön!

TAG 2

ORCHIDEEN AM WEGESRAND

Am nächsten Morgen schaust du dir die Holzkathedrale von 1752/53 (1982 restauriert) genauer an. Auch in die Werkstatt Taller Artesanal de Restauración, die die Kirchen in den umliegenden Jesuitendörfern bearbeitet hat, solltest du unbedingt mal einen Blick werfen. Bekannt ist Concepción auch für die Artenvielfalt an Orchideen, die hier in der Umgebung wachsen. Am Straßenrand leuchten die Farbkleckse und begleiten dich auf deiner Weiterfahrt.

170 km

5 San Ignacio de Velasco

Mittags geht's weiter auf der 502 durch den Dschungel nach 5 San Ignacio de Velasco. Hier, im ehemaligen Wirtschaftszentrum der Missionsdörfer, leben noch viele Chiquito-Indígenas, der die Region ihren Namen verdankt. Am besten besuchst du erst die **Kirche** (1749–52, restauriert 1987–93) und machst dann das Kontrastprogramm am nahegelegenen **Staudamm von Guapomó**: schwimmen und Boot fahren. Im **Hotel La Misión** *(32 Zi. | Plaza 31 de Julio/Calle Libertad | Tel. 03 9 62 23 33 | hotel-lamision.com | €€)* kannst du schließlich deine müden Füße hochlegen.

ANS ENDE DER WELT

TAG 3

50 km

6 Santa Ana

Den Abschluss der Tour bildet am dritten Tag eine ca. dreistündige Fahrt nach **6 Santa Ana**. In diesem schönen, kleinen Ort mit nur 280 Einwohnern findest du die einzige nicht-restaurierte **Kirche** dieser Tour. Sie wurde 1767 errichtet, nachdem die Jesuiten aus dem Ort verbannt worden waren. Was es noch zu sehen gibt? Die Glimmmer- und Kaolinminen von **Santa Josefa**, die Felsformation **El Viborón**, der die Alteingesessenen magische Kräft nachsagen, und als Sahnehaube einen fantastischen Panoramablick vom **Cerro Antena**. Am nächsten Tag geht es mit dem Zug ruckizucki zurück nach Santa Cruz.

Wie alle Holzkirchen der Missionsdörfer ist auch die von Concepción reich verziert

GUT ZU WISSEN

DIE BASICS FÜR DEINEN URLAUB

ANKOMMEN

AUSKUNFT VOR DER REISE

Informationsmaterial verschicken die peruanische Botschaft in Berlin *(Taubenstr. 20, 3. Etage | 10117 Berlin | Tel. 030 2 06 41 03 | botschaft-peru.de)* und die jeweiligen Generalkonsulate. Auch die Botschaften in Österreich *(Mahlerstr. 7/22 | 1010 Wien | Tel. 01 7 13 43 77)* und der Schweiz *(Thunstr. 36 | 3005 Bern | Tel. 01 3 51 85 55)* versenden Prospektmaterial. Auch Boliviens Tourismusinformation ist der Botschaft in Berlin *(Wichmannstr. 6 | 10787 Berlin | Tel. 030 2 63 91 50 | bolivia.de)* angegliedert.

ANREISE

Non-Stop wird Limas *Aeropuerto Internacional Jorge Chávez* von Amsterdam oder Paris (mit Air France/KLM) und Madrid (mit Iberia, LATAM und Air Europa) angesteuert – immer mit Zubringerflügen ab deutschen Flughäfen. Ein weiterer Lima-Anbieter ab Deutschland ist British Airways, mit London-Zubringer und Wechsel auf American Airlines in Miami. US-Arlines bedienen Lima mit Zwischenstopp in einer US-Stadt (meist Atlanta, Houston, Miami oder New York/Newark). Die Preise für Flüge mit Zwischenstopp beginnen bei ca. 700 Euro. Je früher du buchst, desto günstiger wird es. Die Flugdauer von Frankfurt nach Lima beträgt mindestens 14 Stunden. Von Frankfurt gibt es Flüge

– 5 (Bolivien) bzw.
– 6 (Peru) Stunden
Zeitverschiebung

Während der europäischen Sommerzeit ist es noche eine Stunde mehr (–6/–7)

Folklore am Zug von Cuzco nach Machu Picchu

mit Lufthansa über Buenos Aires, Panama City, Rio de Janeiro und São Paolo, außerdem mit Air Canada über Toronto.
Nach Bolivien gibt es keine Direktflüge ab Deutschland. Ab Frankfurt fliegen Lufthansa und Avianca über Bogotá nach La Paz (Flugdauer ca. 12 Stunden plus Umsteigezeig, Hin- und Rückflug ab ca. 1500 Euro), günstiger wird es mit zwei Zwischenstopps (ab ca. 700 Euro), z. B. mit Air Europa über Madrid und Santa Cruz de la Sierra. American Airlines fliegt ab Frankfurt über London und Miami, allerdings ist die Anreise über die USA wegen der aufwändigen Einreisebestimmungen nicht zu empfehlen. Sogenannte Gabelflüge (z. B. Hinflug nach Lima und Rückflug von La Paz) verkaufen die Fluggesellschaften American Airlines, LATAM und KLM).
In Peru gibt es keine Einreisesteuer. In Bolivien hingegen zahlen Reisende eine Flughafensteuer für internationale Flüge von 100 Bolivianos (ca. 13 Euro). Sie ist im Ticketpreis bereits enthalten.

EINREISE

Der Reisepass muss für Bolivien und Peru bei der Einreise noch mindestens ein halbes Jahr gültig sein. Deutsche, Österreicher und Schweizer können in beiden Ländern ohne Visum jeweils bis zu 90 Tage lang bleiben. In Bolivien bekommen deutsche Touristen meist eine Aufenthaltserlaubnis für zunächst nur 30 Tage, die dann noch zweimal um jeweils 30 Tage bei der Migrationsbehörde verlängert werden kann. Wenn du länger als nur für eine Urlaubsreise bleiben willst, solltest du bei der Einreise unbedingt die gewünschte Aufenthaltsdauer auf dem Einreisezettel *(Tarjeta Internacional de Embarque/Desembarque)* eintragen.

KLIMA & REISEZEIT

An der peruanischen Küste ist es von Dezember bis April sonnig und warm. Im peruanischen Winter (Mai–Nov.) hängt über Lima und Umgebung ein dichter Küstennebel, der sogenannte *garúa*. Die Sonne siehst du in diesen Monaten selten, und das Wasser ist dann zu kühl zum Baden. Die gefühlte Temperatur kann fast den Nullpunkt erreichen, obwohl die Temperaturen 11 Grad nicht unterschreiten. In den Anden ist das Wetter von April/Mai bis Sept./Okt. klar und sonnig für Bergtouren mit Temperaturen um 25 Grad. Die Nachttemperaturen können jedoch unter den Nullpunkt fallen. Pack dir für diese Zeit genügend warme Klamotten ein, nicht alle Hotels haben Decken oder Heizungen!

Adapter Typ B

Mitunter finden sich auch noch Steckdosen vom Typ A oder C
220 V, mitunter auch noch 110 V (z.B. in La Paz)

WEITER-KOMMEN

MIETWAGEN

Voraussetzung sind in beiden Ländern der nationale Führerschein, ein Mindestalter von 21–25 Jahren (je nach Wagentyp und Verleihfirma) und eine Kreditkarte. Ein Wagen der günstigsten Kategorie (z. B. Toyota Yaris) kostet bei Budget Car Rental in Peru *(budget peru.com)* ab/bis Flughafen pro Tag ca. 23 Euro und pro Woche 145 Euro inkl. 55 Freikilometer pro Tag. Mietern unter 25 Jahren wird evtl. eine Zusatzgebühr berechnet. Benzin wird in Peru in Gallonen (3,78 l) und in Bolivien in Liter berechnet. 2019 kostete ein Liter Super in Peru umgerechnet rund 1 Euro, in Bolivien nur 0,50 Euro.

BUSSE

Der Bus ist das Hauptverkehrsmittel in Peru und Bolivien. In vielen Städten gibt es einen zentralen Busbahnhof *(Terminal de Buses, Terminal Terrestre)* oder eine Konzentration von Busunternehmen in einem bestimmten Stadtbezirk. Die Qualität der Busse und damit auch die Fahrpreise schwanken gewaltig. Auf den Hauptstrecken fahren supermoderne, bequeme Doppeldeckerbusse, die Liegesitze, AC, WC, Bordverpflegung, Hilfspersonal, Mahlzeiten, Video, Gepäckservice und manchmal sogar WLAN an Bord haben. Die Komfortbusse von *Moviltours, Cruz del Sur* oder *Oltursa* sind extrem sicher und die beste Wahl für Nachtfahrten. Die Strecke Lima–Arequipa (ca. 1000 km, 16 Std.) kostet mit einem Bus dieser Kategorie ab 100 S/. (ca. 27 Euro).

INSIDER-TIPP
Schöner schlafen, sicher reisen

INLANDSFLÜGE

In Peru fliegen Latam, Star Perú, Peruvian Airlines, Avianca, LC Perú und die Billigairline Viva Air, in Bolivien Amas-

FESTE & EVENTS
RUND UMS JAHR

JANUAR

Alasitas (24.): Festival des Überflusses in La Paz, bei dem man alles in mini kaufen kann: Häuser, Autos, Uni-Abschlüsse, Scheidungsurkunden.

Concurso Nacional de Marinera: Tanzfestiva in Trujillo, im Mittelpunkt steht die Marinera, der peruanische Nationaltanz. *clublibertad.com.pe*

FEBRUAR

Virgen de la Candelaria: zweiwöchiges Folklorespektakel zu Ehren der Schutzpatronin von Puno.

★ ***Karneval*** in Ayacucho, Cajamarca, Puno (Peru) und Oruro (Bolivien).

MÄRZ/APRIL

Osterprozessionen am Sonntag in Arequipa, Ayacucho und Cuzco (Peru).

JUNI

San Juan (23./24.): Fest des Schutzheiligen Johannes mit rituellen Waschungen und vielen Partys in der Amazonasregion.

Q'oyllur rit'i in Quispicanchis bei Cuzco: farbenfrohes Pilgerfest der Quechua und Aymara zu den Gletschern des Ausangate.

★ ***Inti Raymi*** (24.): Inka-Sonnenwendfeier mit Prozessionen und Zeremonien in Cuzco (Foto).

JULI

Unabhängigkeitstag (28.): wird in Peru landesweit mit Paraden gefeiert.

Selvámanos (1.–4.): Musikfestival in Oxapampa im Regenwald mit Cumbia, Reggae und Rock. *selvamonos.org*

AUGUST

Patronatsfest für die Virgen de Copacabana (5.–6.): Fest für die Schwarze Madonna von Copacabana (Bol.).

OKTOBER

Señor de los Milagros: Prozessionen in Lima zu Ehren des Bildes eines schwarzen Christus, das alle schweren Erdbeben der Stadt überstanden hat.

zonas, BoA und Transporte Aéreo Militares TAM. Der einfache Flug Lima-Cuzco kostet z. B. mit Latam um die 100 Euro, mit Viva Air nur 50 Euro. Für den Flug La Paz–Santa Cruz zahlt man mit Amaszonas 95, mit BoA etwa 65 Euro. Eine gute Übersicht über günstige Flüge gibt die Internetseite *despegar.com.pe*.

IM URLAUB

GELD & WÄHRUNG

Die Währung von Peru ist der Nuevo Sol (S/.), für Bolivien der Boliviano (Bs), jeweils unterteilt in 100 Centimes bzw. 100 Centavos. Das Preisniveau beider Länder gleicht in den feinen Vierteln der Hauptstädte etwa dem europäischen, auf dem Land liegt es weit darunter. Ein guter Online-Währungsrechner ist *oanda.com*.

Viele Banken in Peru und Bolivien haben Geldautomaten, an denen man z. B. mit einer VISA- oder MasterCard – günstiger mit EC-Karte (in größeren Städten) – und PIN-Nummer Bargeld in Landeswährung abheben kann. Öffnungszeiten der Banken: Mo–Fr 9–18, Sa 9–13 Uhr. In Peru öffnen einige Banken samstags nicht. Travellerschecks kann man meist nur in Banken und zu einem schlechten Kurs einlösen, dafür sind sie sicherer als Bankkarten, mit denen bei Diebstahl mehr Schaden angerichtet werden kann. In Peru sind Reiseschecks in US$ von American Express in Filialen von Scotiabank und Interbank einlösbar, in Bolivien bei der Banco Bisa. Kreditkarten werden in allen größeren Städten akzeptiert. Auf dem Land sollte man ausreichend Bargeld (in kleinen Scheinen) dabeihaben.

GRÜN & FAIR REISEN

Du willst beim Reisen deine CO_2-Bilanz im Hinterkopf behalten? Dann kannst du deine Emissionen kompensieren *(atmosfair.de; myclimate.org)*, deine Route umweltgerecht planen *(routerank.com)* oder auf Natur und Kultur *(gate-tourismus.de)* achten. Mehr über ökologischen Tourismus erfährst du hier: *oete.de* (europaweit); *germanwatch.org* (weltweit).

FEIERTAGE IN PERU

1. Jan.	*Año Nuevo* (Neujahr)
März/April	*Jueves Santo* (Gründo.)
	Viernes Santo (Karfr.)
1. Mai	*Día del Trabajo* (Tag der Arbeit)
29. Juni	*Día de San Pedro y San Pablo* (Peter und Paul)
28. Juli	*Fiestas Patrias* (Unabhängigkeitstag)
30. Aug.	*Santa Rosa de Lima* (Stadtheilige von Lima)
8. Okt.	*Batalla de Angamos* (Schlacht von Angamos)
1. Nov.	*Día de Todos los Santos* (Allerheiligen)
8. Dez.	*Inmaculada Concepción* (Unbefleckte Empfängnis)
25. Dez.	*Navidad* (Weihnachten)

LADENÖFFNUNGSZEITEN

In Peru haben die meisten Geschäfte Mo–Sa von 9–18 Uhr geöffnet, einige auch sonntags (z.B. Supermärkte bis 22 Uhr). An der Pazifikküste und auf der Andenostseite schließen viele Läden über Mittag und öffnen erst wieder gegen 16 Uhr. (Bolivien: Mo–Fr 9–13 und 15–18 oder länger, Sa 9–12 Uhr). Viele Museen haben montags geschlossen.

TELEFON & HANDY

Mit Handy und Smartphone ist das Telefonieren über Kontinente hinweg mittlerweile kein Problem mehr. Ein bisschen old school, aber immer noch gut und günstig sind Telefonkabinen *(locutorios)* in Telefonshops und Internetcafés. Die meisten Computer in Internetcafés haben auch Skype installiert. Wer mit seinem deutschen Handy oder Smartphone telefonieren will, zahlt Roaminggebühren. Die beiden größten Mobilfunk-Unternehmen in Peru sind *Carlo (claro.com.pe)* und *Movistar (movistar.com.pe)*, sie bieten günstige Prepaid-Chips an, die mit Telefonkarten oder in Geschäften aufgeladen werden können.
Vorwahl nach Bolivien 00591, nach Peru 0051; von Peru oder Bolivien nach Deutschland 0049, nach Österreich 0043, in die Schweiz 0041.

FEIERTAGE IN BOLIVIEN

1. Jan.	*Año Nuevo* (Neujahr)
22. Jan.	*Nacimiento* (Gründungstag Boliviens)
Feb./März	*Carnaval* (Karneval)
März/April	*Viernes Santo* (Karfreitag)
1. Mai	*Día del Trabajo* (Tag der Arbeit)
Mai/Juni	*Corpus Cristi* (Fronleichnam)
6. Aug.	*Día de la Independencia* (Unabhängigkeit)
2. Nov.	*Día de Todos los Difuntos* (Allerseelen)
25. Dez.	*Navidad* (Weihnachten)

INTERNET & WLAN

Internetcafés gibt es in den Städten fast überall. Eine Stunde Internetsurfen kostet in Peru 1,50–3 S/., in Bolivien 1,50–3 Bs. WLAN-Zonen (*zonas WIFI* oder *Internet inalámbrico* genannt) gibt es auf Flughäfen, in Shoppingcentern, Cafés, Restaurants und Hotels.

WAS KOSTET WIE VIEL?

Kaffee	*1,60 Euro eine Tasse im Café*
Ceviche	*4,30 Euro für eine Portion*
Wasser	*0,80 Euro 1,5-l-Flasche (Laden)*
Pisco Sour	*4 Euro ein Glas im Lokal*
Taxi	*10 Euro von Lima-Zentrum zum Flughafen*
Pullover	*ab 50 Euro aus Alpakawolle*

FOTOGRAFIEREN

Es gibt tausendundeins lohnende Motive für schöne Fotos. Wenn du Menschen fotografieren willst, bitte immer vorher fragen (würdest du ja auch wollen, wenn dich jemand aus der Nähe ablichten will). In Cuzco und an anderen touristischen Orten laufen manchmal Frauen in bunen Anden-Trachten mit Kindern und Lamas herum und lassen sich gegen ein Trinkgeld fotografieren. Unbedingt bezahlen, rausreden gilt nicht, du hast ja schließlich auch ein „authentisches" Bild gemacht!

TRINKGELD

In schicken Restaurants wird in beiden Ländern oft automatisch ein Servicezuschlag von 10 Prozent auf die Rechnung erhoben, in einfachen Restaurants dagegen entscheidest du selbst, ob du den Service mit ein paar Münzen belohnen willst. Bei Taxifahrten ist es nicht üblich, Trinkgeld zu geben.

NOTFÄLLE

NOTRUF

In Peru: *105* (Polizei), *116* (Ambulanz) bzw. *01 243 21 90* (Touristenpolizei Lima). In Notfällen hilft auch der 24-Std.-Telefondienst für Touristen: *01 574 80 00* (gratis). In Bolivien ist der Notruf *110* (Polizei), *118* (Ambulanz) bzw. *800 14 00 71* (Gratisnummer der Touristenpolizei La Paz). Notfallnummer der deut. Botschaft in Lima: *Handy 997 57 62 00*, bzw. La Paz: *71 52 72 79*, des Deut. Auswärtigen Amts für deutsche Staatsangehörige: *0049 30 18 17 20 00* (Hilfsmaßnahmen werden aber in Rechnung gestellt).

DIPLOMATISCHE VERTRETUNGEN

In Peru:

DEUTSCHE BOTSCHAFT

Av. Dionisio Derteano 144 | Edificio Alto Coral, Piso 7 + 8 | San Isidro, Lima 27 | Tel. 01 203 59 40 | lima.diplo.de

ÖSTERREICHISCHE BOTSCHAFT

Av. República de Colombia 643 | San Isidro, Lima 27 | Tel. 01 442 05 03 | bmeia.gv.at/botschaft/lima.html

SCHWEIZER BOTSCHAFT

Av. Salaverry 3240 | San Isidro, Lima 27 | Tel. 01 264 03 05 | eda.admin.ch/lima

In Bolivien:

DEUTSCHE BOTSCHAFT

Av. Arce 2395 | La Paz | Tel. 02 244 00 66 | la-paz.diplo.de

ÖSTERREICHISCHES HONORARKONSULAT

Calle Montevideo 130, Edificio Requima, Piso 6 | La Paz | Tel. 02 244 20 94 | austroko@acelerate.com

SCHWEIZER BOTSCHAFT

Calle 13/14 de Septiembre | Obrajes, La Paz | Tel. 02 275 12 25 | eda.admin.ch/lapaz

GESUNDHEIT

Obwohl Peru und Bolivien zzt. keine Impfungen verlangen, ist es sinnvoll, sich gegen Gelbfieber impfen zu lassen. Falls man zwischen dem peruanischen und bolivianischen Amazonasgebiet hin- und herreist, können die Behörden den Nachweis verlangen und evtl. eine Impfung vor Ort anordnen. Urwaldgebiete sollte man nicht ohne Malariaprophylaxe besuchen. Das Auswärtige Amt *(auswaertiges-amt.de)* empfiehlt Impfungen gegen Polio, Tetanus, Diphtherie und Hepatitis A. In die Reiseapotheke gehören Tabletten gegen Durchfall und Insektenschutz (Stichwort Zika, Dengue- und Chikungunya-Fieber) Gegen die Symptome der Höhenkrankheit *soroche* (Kopfschmerzen, Schwindel, Übelkeit) helfen Aspirin oder Kokatee

(Mate de Coca). In schweren Fällen muss die betroffene Person schnell in tiefere Lagen gebracht werden. Immer empfehlenswert ist es, eine Auslandskrankenversicherung abzuschließen!

WICHTIGE HINWEISE

SICHERHEIT

Aktuelle Sicherheitshinweise zu den Ländern unter *auswaertiges-amt.de*.
Kriminalität: Gibt's vor allem in Großstädten in einigen Vierteln, die man besser meidet. Vor Ort nachfragen, welche das sind. Generell gilt: Wenig Wertsachen dabei haben, den Pass im Hotel lassen und einen kleinen Geldbeutel nutzen, aus dem nicht gleich alle Kreditkarten herausfallen.

Naturgefahren: Peru hat Vulkane und zwei aktive Erdplatten unter sich. Immer mal wieder wackelt die Erde, meist aber nur wenig. Trotzdem solltest du auf Erdbeben, Tsunamis oder Vulkanausbrüche gefasst sein. Groß vorbereiten kann man sich darauf nicht, innerlich bereit sein schon.

ZOLL

Ins Land eingeführt werden dürfen nur Gegenstände des persönlichen Bedarfs. Nicht ausgeführt werden dürfen nationale Kulturgüter und laut UN-Drogenkonvention auch Kokablätter und -tee. In die EU dürfen eingeführt werden: Geschenke im Wert bis zu 430 Euro, 200 Zigaretten (oder 100 Zigarillos, bzw. 50 Zigarren) und 1 l Spirituosen (mit über 22 Vol.%). Verboten ist die Einfuhr von Souvenirs, die aus geschützten Tieren oder Pflanzen hergestellt wurden. *zoll.de*

WETTER IN LIMA

Hauptsaison
Nebensasion

	JAN.	FEB.	MÄRZ	APRIL	MAI	JUNI	JULI	AUG.	SEPT.	OKT.	NOV.	DEZ.
Tagestemperaturen	25°	26°	26°	24°	21°	19°	17°	17°	17°	19°	20°	23°
Nachttemperaturen	19°	20°	19°	18°	16°	15°	14°	13°	13°	14°	16°	17°
Sonnenschein Stunden/Tag	6	7	7	7	4	1	1	1	1	2	4	5
Niederschlag Tage/Monat	1	0	0	0	1	1	1	2	1	0	0	0

Sonnenschein Stunden/Tag
Niederschlag Tage/Monat

SPICKZETTEL SPANISCH

SMALLTALK

ja/nein/vielleicht	sí/no/quizás
bitte/danke	por favor/gracias
Hallo!/Auf Wiedersehen!/Tschüss!	¡Hola!/¡Adiós!/¡Hasta luego!
Gute(n) Tag!/Abend!/Nacht!	¡Buenos días!/¡Buenas tardes!/¡Buenas noches!
Entschuldige!/Entschuldigen Sie!	¡Perdona!/¡Perdone!
Darf ich …?	¿Puedo …?
Wie bitte?	¿Cómo dice?
Ich heiße …	Me llamo …
Wie heißen Sie?/ Wie heißt du?	¿Cómo se llama usted?/ ¿Cómo te llamas?
Ich komme aus … Deutschland/ Österreich/Schweiz	Soy de … Alemania/Austria/ Suiza
Das gefällt mir (nicht).	Esto (no) me gusta.
Ich möchte …/Haben Sie …?	Querría …/¿Tiene usted …?

ZEIGEBILDER

ESSEN & TRINKEN

Die Speisekarte, bitte!	¡El menú, por favor!
teuer/billig/Preis	caro/barato/precio
Könnten Sie mir bitte … bringen?	¿Podría traerme … por favor?
Flasche/Karaffe/Glas	botella/jarra/vaso
Messer/Gabel/Löffel	cuchillo/tenedor/cuchara
Salz/Pfeffer/Zucker	sal/pimienta/azúcar
Essig/Öl/Milch/Zitrone	vinagre/aceite/leche/limón
kalt/versalzen/nicht gar	frío/demasiado salado/sin hacer
mit/ohne Eis/Kohlensäure	con/sin hielo/gas
Vegetarier/Vegetarierin/Allergie	vegetariano/vegetariana/alergía
Ich möchte zahlen, bitte.	Querría pagar, por favor.
Rechnung/Quittung/Trinkgeld	cuenta/recibo/propina

NÜTZLICHES

Wo ist …? /Wo sind …?	¿Dónde está …? /¿Dónde están …?
Wie viel Uhr ist es?	¿Qué hora es?
heute/morgen/gestern	hoy/mañana/ayer
Wie viel kostet …?	¿Cuánto cuesta …?
Wo finde ich einen Internetzugang/ WLAN?	¿Dónde encuentro un acceso a internet/wifi?
Hilfe!/Achtung!/Vorsicht!	¡Socorro!/¡Atención!/¡Cuidado!
Apotheke/Drogerie	farmacia/droguería
kaputt/funktioniert nicht	roto/no funciona
Panne/Werkstatt	avería/taller
Darf ich hier fotografieren?	¿Podría fotografiar aquí?
offen/geschlossen/Öffnungszeiten	abierto/cerrado/horario
Eingang/Ausgang	entrada/salida
Toiletten (Damen/Herren)	aseos (señoras/caballeros)
(kein) Trinkwasser	agua (no) potable
Frühstück/Halbpension/Vollpension	desayuno/media pensión/pensión completa
Parkplatz/Parkhaus	parking/garaje
Ich möchte … mieten.	Querría alquilar …
ein Auto/ein Fahrrad/ein Boot	un coche/una bicicleta/un barco
0/1/2/3/4/5/6/7/8/9/10/100/1000	cero/un, uno, una/dos/tres/ cuatro/cinco/seis/siete/ocho/ nueve/diez/cien, ciento/mil

URLAUBS FEELING

ZUM EINSTIMMEN & AUSKLINGEN

LESESTOFF & FILMFUTTER

DIE OFFENEN ADERN LATEINAMERIKAS

Klassiker von 1976 des uruguayischen Publizisten Eduardo Galeano (1940–2015) über die Ausbeutung eines ganzen Kontintents, dessen Auswirkungen bis heute zu spüren und zu sehen sind. Augenöffnend!

TOD IN DEN ANDEN

Kriminalgeschichte des peruanischen Literaturnobelpreisträgers Mario Vargas Llosa (*1936) über die Zeit des Bürgerkriegs, der in den 1980er-Jahren im Andenhochland seinen Anfang nahm.

FITZCARRALDO

Film (1982) von Werner Herzog über den Exzentriker Fitzgerald (grandios gespielt von Klaus Kinski), der mitten im peruanischen Regenwald ein Opernhaus errichten will.

WHEN TWO WORLDS COLLIDE

Heidi Brandenburg und Mathew Orzel schildern in ihrer Dokumentation (2016) den Konflikt zwischen dem peruanischen Präsidenten Alan García und seinen Widersachern Alberto Pizango und Umweltaktivisten. Ausverkauf von Rohstoffen versus Naturschutz – ein Thema so aktuell wie nie.

PLAYLIST QUERBEET

0:58

II CALLE 13 – AMÉRICA LATINA
Eindringlicher Text, noch eindringlicheres Musikvideo über Lateinamerika, seine Menschen, seine Geschichten

▶ SUSANA BACA – LAMENTO NEGRO
Die Grande Dame der afroperuanischen Musik gewann 2002 den Grammy Latino und war 2011 sogar Kulturministerin

▶ OLAYA SOUND SYSTEM – JACARANDÁ
Band junggebliebener Jungs aus dem Hipsterviertel Barranco in Lima, die mit feinster Tropical Cumbia und Reggae dein Tanzbein zum Schwingen bringen

▶ ARTURO „ZAMBO" CAVERO & OSCAR AVILES – ASÍ ES MI PERÚ
Legendäres Duo, das mit Gitarre und Cajón über die Vielfalt Perus sang. „So ist mein Peru" ist ein Klassiker der Música Criolla

Den Soundtrack zum Urlaub gibt's auf **Spotify** unter **MARCO POLO** Peru / Bolivia

Oder Code mit Spotify-App scannen

AB INS NETZ

INFOSTELLE-PERU.DE
Der Verein wurde 1989 von Peru-Solidaritätsgruppen gegründet und berichtet seitdem über Menschenrechtsverletzungen, Umweltthemen und soziale Bewegungen

WWOOF.NET
Work & Travel: Über die Webseite der Organisation *World Wide Opportunities on Organic Farms* findest du Biofarmen und andere Einrichtungen, die freiwillige Helfer suchen. Unterkunft und Verpflegung werden gestellt.

PERU.TRAVEL
Was, wie, wann, wo? Hilfreiche Webseite von *PromPerú,* dem peruanischen Fremdenverkehrsamt, auch auf Deutsch

TAXIBEAT
Hilfreiche Taxi-App, die dir die schnellste Route errechnet und angemessene Preise bietet

MOOVIT
Du hast keine Ahnung, wohin welcher Bus fährt in der riesigen Stadt Lima? Mit dieser App bist du gerettet!

TRAVEL PURSUIT

DAS MARCO POLO URLAUBSQUIZ

Weißt du, wie Peru und Bolivien ticken? Teste hier dein Wissen über die kleinen Geheimnisse und Eigenheiten von Land und Leuten. Die Lösungen findest du in der Fußzeile. Und ganz ausführlich auf den S. 18–23.

❶ Seit wann werden Lamas als Nutztiere gehalten?
a) seit 2000 Jahren
b) seit 4000 Jahren
c) seit 7000 Jahren

❷ Das Wetterphänomen „El Niño" heißt auf Deutsch übersetzt
a) der Regen
b) das Christkind
c) der Fischer

❸ Die afroperuanische Sängerin Susana Baca war 2011
a) Innenministerin
b) Bildungsministerin
c) Präsidentin des Fußballclubs CF Lima-Miraflores

❹ Auf der peruanischen Halbinsel Paracas leben
a) Pinguine
b) Eisbären
c) Schneeleoparden

❺ Wenn man Kokablätter kaut, bekommt man…
a) Energie
b) Hunger
c) Karies

❻ Was gilt in Peru als klassiches Weihnachtsessen?
a) gegrilltes Meerschweinchen mit Quinoasalat
b) Alpakaragout an Kochbanane
c) Truthahn mit Süßkartoffelpüree und Reissalat

Lösungen: 1c, 2b, 3b, 4a, 5a, 6c

gsk
FeniHydrocort®
Hydrocortison 5 mg/g
15 g
Creme
0,5%
Zur Linderung von mäßig ausgeprägten entzündlichen Hauterkrankungen
Jetzt einpacken!
FeniHydrocort – das Multitalent bei
• Entzündeten Insektenstichen
• Sonnenallergie
• Leichtem Sonnenbrand
• Kontaktallergie
FeniHydrocort Creme 0,5 % Wirkstoff: Hydrocortison. Anwendungsgebiete: Zur Linderung von mäßig ausgeprägten entzündlichen Hauterkrankungen. Warnhinweis: Enthält Cetylstearylalkohol und Kaliumsorbat. Apothekenpflichtig. Stand: 09/2017. Zu Risiken und Nebenwirkungen lesen Sie die Packungsbeilage und fragen Sie Ihren Arzt oder Apotheker.
Marken sind Eigentum der GSK Unternehmensgruppe oder an diese lizenziert. ©2020 GSK oder Lizenzgeber.
CHDE/CHFENI/0050/19 – 20191120

REGISTER

LOB ODER KRITIK? WIR FREUEN UNS AUF DEINE NACHRICHT!

Trotz gründlicher Recherche schleichen sich manchmal Fehler ein. Wir hoffen, du hast Verständnis, dass der Verlag dafür keine Haftung übernehmen kann.

MARCO POLO Redaktion • MAIRDUMONT • Postfach 31 51
73751 Ostfildern • info@marcopolo.de

Impressum
Titelbild: Llacon am Titicacasee (Look/robertharding)
Fotos: DuMont Bildarchiv: González (31, 50, 56/57, 67, 115); J. Frangenberg (19, 61, 102); huber-images: Damm (89, 164), R. Gerth (2/3), G. Gräfenhain (Klappe vorne außen, Klappe vorne innen, 1), M. Hallberg (95), S. Kremer (8, 30/31, 45, 100/101), Orient (14/15), B. Pipe (Klappe hinten), J. Ritterbach (136), R. J. Taylor (9), S. Torrione (73), F. Tremolada (6/7, 127); huber-images/4Corners Images: J. Miracky (32/33); huber-images/Orient (10); G. Jung (78/79); Laif: Gebhard (120/121), González (99), B. Jonkmanns (46), Raach (38/39, 44, 68), Tophoven (22); Laif/Aurora (35); Laif/hemis.fr: H. Hughes (92); Laif/roberharding: K. Kozlowski (149); Laif/robertharding: M. DeFreitas (74); mauritius images/age fotostock: A. Pavan (128); mauritius images/age: S. Salvad (107); mauritius images/Alamy (27, 49, 71, 118, 135), G. Cook (34), S. Cukrov (114), M. Green (54/55, 90, 116/117), F. Lemmens (64), S. Montgomery (162/163), J. Napurí (146), S. Reboredo (152/153), P. Roig (140/141), S. Roussel (42/43), P. Scalia (86), M. Thomenius (142), P. Wentford (83); mauritius images/Alamy/National Geographic Creative (108/109); mauritius images/Alamy/Stock Connection Blue (133); mauritius images/Alamy/Zuma (62); mauritius images/John Warburton-Lee: A. Robinson (26/27, 77); mauritius images/Photononstop: A. Demotes (105); mauritius images/Pixtal/CD223040 (24/25); mauritius images/robertharding: N. Machado (113), M. Williams_Ellis (125); mauritius-images: J. Ulmer (20); mauritius-images/robertharding: K. Kozlowski (12/13); Orient Photo (28); M. Strobel (85); E. Tempelmann (167); Vision 21 (11, 130, 155); White Star: Luther (139, 151)

9. Auflage 2020, komplett überarbeitet und neu gestaltet

Autorinnen: Gesine Froese, Eva Tempelmann; Redaktion: Jochen Schürmann; Bildredaktion: Gabriele Forst
Kartografie: © MAIRDUMONT, Ostfildern (S. 36–37, 143, 147, 150, Umschlag außen); DuMont Reisekartografie, Fürstenfeldbruck © MAIRDUMONT, Ostfildern (S. 106); © MAIRDUMONT, Ostfildern, unter Verwendung von Kartendaten von OpenStreetMap, Lizenz CC-BY-SA 2.0 (S. 40–41, 52, 58–59, 70, 80–81, 97, 110–111, 122–123, 126, 134)
Als touristischer Verlag stellen wir bei den Karten nur den De-facto-Stand dar. Dieser kann von der völkerrechtlichen Lage abweichen und ist völlig wertungsfrei.
Gestaltung Cover, Umschlag und Faltkartencover: bilekjaeger_Kreativagentur mit Zukunftswerkstatt, Stuttgart; Gestaltung Innenlayout: Langenstein; Communication GmbH, Ludwigsburg
Spickzettel: in Zusammenarbeit mit PONS GmbH, Stuttgart
Texte hintere Umschlagklappe: Lucia Rojas, Konzept Coverlines: Jutta Metzler, bessere-texte.de

MIX
Paper from responsible sources
FSC® C124385

Printed in China

MARCO POLO AUTORIN
EVA TEMPELMANN
Nie wieder, dachte sich Eva Tempelmann nach ihrem ersten Besuch in Lima, Zwischenstopp einer Weltreise: zu groß, zu wuselig! Zehn Jahre später kam die Journalistin mit Mann und Kindern zurück nach Peru und lebt seitdem glücklich in der Hauptstadt dieses wahnsinnig vielfältigen Landes. Hier kann sie über Umweltthemen schreiben, wellenreiten und täglich Ceviche essen. Mehr unter *evatempelmann.com*.

BLOSS NICHT!

FETTNÄPFCHEN UND REINFÄLLE VERMEIDEN

DIE GEDULD VERLIEREN

Es kann der Strom ausfallen, das Flugzeug Verspätung haben, eine Straße gesperrt sein, ein orientierungsloser Taxifahrer am Steuer sitzen oder das Museum zu den offiziellen Öffnungszeiten geschlossen sein. Da hilft nur Geduld, Improvisation und eine gute Prise Humor.

FOTOGRAFIEREN OHNE ZU FRAGEN

Das gilt für jeden Ort auf der Welt: Wenn du jemanden aus der Nähe fotografieren willst, frag vorher nach, ob das in Ordnung ist. Andersherum wärst du sicher auch pikiert, wenn dir jemand seine Kamera vor die Nase hält und dich ungefragt ablichtet. Wer weiß, wo die Bilder später auftauchen!

MIT GROSSEN SCHEINEN BEZAHLEN

Du sitzt im Bus und willst mit einem 100-Soles-Schein bezahlen? Vergiss es. Ein 100-Soles-Schein ist so etwas wie ein 200-Euro-Schein in Deutschland – eine Menge Geld und eher schwierig zu wechseln. Schau zu, dass du immer genügend Kleingeld dabei hast und wechsle die großen Scheine in der Bank oder in Supermärkten.

GETRENNT BEZAHLEN

Was in Deutschland gang und gäbe ist, bringt hier die Kellner zur schieren Verzweiflung: eine Rechnung in ihre Einzelteile zerlegen. Besser einer zahlt alles, und die anderen geben ihm ihren Anteil zurück.

ZU VIEL VORNEHMEN

Riesige Entfernungen, extreme Höhen, lange Fußmärsche durch Altstädte, Ruinen und Regenwald: Für Peru und Bolivien brauchst du eine gute Kondition – egal ob du Pauschaltourist oder auf eigene Faust unterwegs bist. Also: Entweder weniger vornehmen oder mehr Zeit mitbringen!